DES
CONTRATS DE LA FEMME

AVEC LES TIERS

DANS L'INTÉRÊT DU MARI

THÈSE POUR LE DOCTORAT

PAR

F. BOUTAUD

AVOCAT A LA COUR D'APPEL DE PARIS
LAURÉAT DES SIX CONCOURS DE LICENCE DE LA FACULTÉ DE DROIT
DE BORDEAUX (4 PRIX ET 2 PREMIÈRES MENTIONS)
LAURÉAT DE LA FACULTÉ DE DROIT DE PARIS (PRIX ROSSI)

PARIS

LIBRAIRIE NOUVELLE DE DROIT ET DE JURISPRUDENCE

ARTHUR ROUSSEAU, ÉDITEUR

14, RUE SOUFFLOT ET RUE TOULLIER, 13

1896

THÈSE

POUR LE DOCTORAT

DES

CONTRATS DE LA FEMME

AVEC LES TIERS

DANS L'INTÉRÈT DU MARI

THÈSE POUR LE DOCTORAT

L'ACTE PUBLIC SUR LES MATIÈRES CI-APRÈS
sera soutenu le mardi 19 mai 1896, à 2 heures 1/2

PAR

F. BOUTAUD

AVOCAT A LA COUR D'APPEL DE PARIS
LAURÉAT DES SIX CONCOURS DE LICENCE DE LA FACULTÉ DE DROIT
DE BORDEAUX (4 PRIX ET 2 PREMIÈRES MENTIONS)
LAURÉAT DE LA FACULTÉ DE DROIT DE PARIS (PRIX ROSSI)

Président : M. LYON-CAEN.

Suffragants { MM. CHAVEGRIN / MASSIGLI } *professeurs*.

PARIS

LIBRAIRIE NOUVELLE DE DROIT ET DE JURISPRUDENCE

ARTHUR ROUSSEAU, ÉDITEUR

14, RUE SOUFFLOT ET RUE TOULLIER, 13

1896

A MON PÈRE

A LA MÉMOIRE VÉNÉRÉE DE MA MÈRE

DES

CONTRATS DE LA FEMME

AVEC LES TIERS

DANS L'INTÉRÊT DU MARI

INTRODUCTION

1. — L'histoire de la condition privée de la femme a été une marche constante dans la voie de l'émancipation (1). Si l'on fait abstraction de la famille matriarcale, dont l'organisation, peut-être même l'existence, sont encore pleines d'incertitude (2), on trouve, à l'origine historique des sociétés, la femme soumise à la toute-puissance du père de famille, soit comme fille, soit comme épouse (3). Elle n'échappe à cette puissance que pour tomber sous la tutelle de ses proches parents. Cet état de

(1) Gide, *Etude sur la condition privée de la femme.*
(2) Bachofen, *das Mutterrecht* ; — Esmein sur Gide (*op. cit.*, p. 30) ; — Giraud-Teulon, *Les origines du mariage et de la famille* ; — Wester-marck, *Origines du mariage dans l'espèce humaine* (trad. Varigny).
(3) Cuq, *Institutions juridiques des Romains,* p. 173, 192 ; — Girard, *Manuel de droit romain,* p. 258 ; — Sumner-Maine, *Etudes sur l'ancien droit et la coutume primitive,* p. 255 et suiv.

1

subordination dure pendant tout le temps que la famille encore indépendante se gouverne elle-même. La cause de l'incapacité de la femme dans cette période est dans la *fragilitas sexus* : infériorité physique et intellectuelle, qui n'exclut pas le respect, mêlé parfois à un sentiment vague d'adoration.

Quand l'État commence à exercer son contrôle sur la famille, il intervient le plus souvent pour protéger la femme. Il met un frein à l'arbitraire du père de famille. Il organise la tutelle dans l'intérêt de la femme ; et comprenant bientôt que cet intérêt consiste précisément à supprimer toute tutelle, il émancipe la femme lorsqu'elle a atteint sa majorité.

Les législations modernes des États civilisés en sont arrivées à cette étape de l'évolution, où la femme jouit à peu près des mêmes droits civils que l'homme. Elle a sa part du patrimoine domestique, et peut en disposer librement. La tutelle des femmes n'est plus guère qu'un souvenir.

Mais par un contraste frappant, le droit moderne qui a complètement affranchi la femme, tant qu'elle est en dehors des liens du mariage, l'a au contraire, dans la plupart des pays, soumise à la puissance maritale. L'incapacité du sexe commence avec le mariage et finit avec lui.

La puissance maritale s'est détachée des autres puissances qui se sont longtemps exercées sur la femme. Et tandis que celles-ci disparaissaient complètement de nos mœurs, celle-là y poussait des racines profondes. Partout la femme est soumise au mari, qui en retour est chargé de la protéger. Les droits que la loi donne au mari varient d'ailleurs selon les législations. Parfois ils sont très étendus : la femme ne peut faire aucun acte juridique sans son autorisation. D'autres fois ils sont plus restreints : la femme n'a besoin de l'assentiment du mari que pour accomplir les actes intéressant sa personne. Elle a la libre disposition de ses biens : et si le mari a parfois des droits sur eux, il les tient non de sa puissance maritale, mais de ses conventions matrimoniales.

2. — Ainsi livrée à l'autorité d'un maître qui a sur elle au moins l'ascendant de la force, la femme peut avoir à redouter des abus d'influence. On peut craindre que le mari n'agisse sur elle pour l'amener à sacrifier sa fortune à son profit. Ce danger ne se fait pas sentir tant que la femme confond sa personnalité avec celle de son mari et ne possède rien en propre. Mais il existe dès que la femme a un patrimoine, qu'elle peut valablement obliger. Le législateur ne doit-il pas intervenir pour rendre impossibles les abus d'influence du mari ou du moins en diminuer l'effet ? Ne doit-il pas spécialement soumettre l'intercession de la femme au profit du mari à des formalités protectrices ou même la prohiber complètement ? Ne doit-il pas s'opposer à ce que la femme prenne à sa charge les dettes du mari, s'engage pour lui, aliène ses biens pour obtenir sa libération ?

La question s'est posée du jour où, titulaire d'un patrimoine, elle a été reconnue capable de l'aliéner.

Négligeant les législations orientales (1), sur lesquelles nous n'avons que des renseignements insuffisants ou qui reposent sur des bases toutes différentes de celles de l'Occident, nous n'étudierons dans l'antiquité que la lé-

____

(1) Cf. Gide (*op. cit.*, p. 13 à 86).

gislation romaine. C'est la seule dans laquelle on trouve l'organisation d'un système de protection de la femme contre le mari. Elle mérite d'autant plus d'appeler notre attention qu'elle est la source commune à laquelle ont puisé la plupart des législateurs modernes. Combinée avec l'influence germanique et l'influence chrétienne, elle a régné sur l'Europe, et les Codes les plus récents en portent encore les traces visibles.

Nous essayerons ensuite de donner un aperçu rapide de l'évolution historique suivie en notre matière par les principales législations modernes, et par notre ancien droit français. Nous pourrons alors aborder l'étude du droit français actuel, tel que l'ont fait le Code et les lois qui l'ont modifié, la pratique et la jurisprudence qui les ont interprétés. Peut-être nous sera-t-il alors permis de conclure (1).

(1) L'objet de notre étude nous obligera à sortir souvent de son cadre un peu restreint. Nous devrons plus d'une fois toucher à la question générale de l'incapacité de la femme mariée. C'est de la solution qui lui est donnée, que dépend fréquemment celle que doit recevoir la question que nous étudions.

PREMIÈRE PARTIE

HISTOIRE DE L'INTERCESSION DE LA FEMME AU PROFIT DU MARI. SA RÉGLEMENTATION ACTUELLE DANS LES PRINCIPALES LÉGISLATIONS ÉTRANGÈRES.

---

3. — On ne trouve plus guère dans les Codes modernes la prohibition pour la femme d'intercéder pour son mari. — Mais des garanties tantôt préventives, tantôt réparatrices, ont été généralement prises pour empêcher que la femme ne soit ruinée par son intervention dans les affaires du mari.

Il est intéressant d'en montrer l'origine et de voir quels éléments ont concouru à la formation du droit nouveau. Ce sont ces éléments que nous allons d'abord étudier. Nous en verrons ensuite l'action dans les principales législations étrangères et dans l'ancien droit français. — Ces questions feront l'objet de deux chapitres.

Chap. I. — *Origines du droit relatif à l'intercession de la femme au profit du mari.*

Chap. II. — *Sa réglementation dans les principales législations étrangères et dans l'ancien droit français.*

CHAPITRE PREMIER

ORIGINES DU DROIT RELATIF A L'INTERCESSION DE LA
FEMME AU PROFIT DU MARI.

4. — Le plus important sans contredit des éléments qui ont concouru à la formation du droit sur l'intercession de la femme au profit du mari, celui du moins qui a laissé les traces les plus visibles, est l'élément romain. C'est l'organisation de cette intercession par le législateur et la jurisprudence de la Rome impériale que nous devons d'abord examiner. Nous indiquerons ensuite quelle tendance nouvelle est résultée de sa fusion avec le droit germanique et les principes du christianisme.

SECTION I. — Droit romain.

5. — La femme romaine, tenue à l'écart de la politique, jouait cependant dans la vie sociale un rôle important par l'influence qu'elle avait dans la famille. En même temps qu'elle était associée au culte, elle était chargée de l'éducation des enfants en bas-âge et de la direction de la maison. Les livres des moralistes et des satiriques sont pleins de traits manifestant cette influence, qui faisait dire à l'austère Caton, que si partout les hommes gouvernaient les femmes, à Rome c'étaient les femmes qui gouvernaient les hommes.

Leur rôle juridique cependant fut longtemps très effacé.

Mariée sous le régime de la *manus*, la femme était incapable de s'obliger (1). Le mari (ou son chef de famille) était seul propriétaire et pouvait seul disposer des biens qu'elle lui avait apportés. Mariée *sine manu*, la femme n'avait pas une plus grande capacité. *Alieni juris*, elle restait sous la puissance de son père et par conséquent incapable comme la fille de famille (2). *Sui juris*, elle était sous la tutelle de ses agnats, qui devaient rarement consentir à ce qu'elle s'obligeât pour son mari.

Un jour vint cependant où toutes ces puissances qui retenaient la femme dans les liens d'une perpétuelle incapacité s'effondrèrent, s'entrainant l'une l'autre dans leur chute. Le régime de la *manus* était un obstacle au mariage : les tuteurs ne devaient consentir que sous la pression de l'opinion publique à une union qui les dépouillait du patrimoine de leur pupille, dont ils étaient les héritiers présomptifs. La tutelle hâta ainsi la disparition de la *manus*, déjà menacée par l'affaiblissement de la moralité publique qui avait multiplié les divorces. De son côté, la *manus* servit d'instrument pour détruire la tutelle : qu'on se rappelle les *coemptiones* faites nous dit Gaius : « *tutelæ evitandæ causà* » (3). La puissance paternelle gardait jalousement ses droits en face du mari : la jurisprudence les atténua et fit prévaloir la puissance

____

(1) Gaius, III, § 104.

(2) L'incapacité de la fille de famille dans l'ancien droit romain ne parait plus contestable depuis la dernière recension du manuscrit de Verone par Studemund. Gaius, III, § 104 ; Girard, *Textes*, p. 237. Cf. Accarias, II, p. 47, note 2.

(3) Gaius, I, § 114 et s. ; § 166 et 175 ; Cicéron, *pro Mur.*, 12. Cf. Karlowa, *Formen der römischen Ehe*, p. 89.

maritale, qui n'impliqua cependant jamais en dehors de la *manus*, un pouvoir sur les biens. « Les deux époux demeurent en principe indépendants l'un de l'autre, aptes à faire entr'eux les mêmes actes qu'ils pourraient faire avec des étrangers (1) ».

6. — La femme se trouva ainsi presque émancipée au milieu de toutes ces puissances, qui se la disputaient. D'autre part sa capacité augmentait, à mesure que le droit privé s'affranchissait du droit public. Saurait-elle user d'une liberté encore récemment conquise ? N'allait-elle pas conquérir une influence désastreuse à une époque où déjà les mœurs avaient perdu de leur ancienne austérité ?

Cette deuxième considération fut la première à préoccuper les Romains (2). Et alors que la femme commençait à peine à s'émanciper, on s'attacha à l'écarter de la vie publique. La loi Oppia mit des bornes à son luxe. Pour mieux atteindre le but poursuivi, on restreignit ses droits héréditaires. La loi Voconia défendit au testateur, laissant une hérédité de plus de 100.000 as, d'instituer pour héritière une femme et de lui léguer une valeur supérieure à celle que devait recueillir l'institué. C'était encore insuffisant : la jurisprudence fit prévaloir l'exclusion des agnates des successions légitimes, au delà du degré de sœurs consanguines. Malgré toutes ces prohibitions, les femmes s'enrichirent, et la fin de la République vit s'accumuler les scandales (3).

Auguste songea à restaurer les mœurs antiques, en infligeant des pénalités aux femmes qui auraient été une

---

(1) Girard, *Manuel*, p. 159.
(2) Gide (*op. cit.*, 145).
(3) *Luxuria incubuit, victumque ulciscitur orbem* (Juvenal, *Sat.*VI).

cause de désordre. La loi *Julia de adulteriis et de fundo dotali* édicta des peines sévères contre l'adultère, énergiquement flétri par Caton (1).

7. — Cette loi est en même temps la première, où apparaisse une idée de protection des intérêts pécuniaires de la femme, inspirée surtout par des motifs d'ordre public. *Interest reipublicæ mulieres salvas habere dotes propter quas nubere possunt* (2). Peut-être déjà les mœurs imposaient-elles au mari de ne disposer de la dot qu'avec le consentement de la femme (3). La loi consacra la règle. « *Lege Julia de adulteriis cavetur*, dit Paul (4), *ne dotale prædium maritus invitâ uxore alienet* ».

A une époque qu'il est impossible de préciser, Auguste compléta la protection accordée à la femme mariée, en lui défendant d'intercéder pour son mari (5). L'édit d'Auguste fut renouvelé par Claude, comme nous l'apprend Ulpien (6), sans nous dire la raison de ce nouvel édit. Comment l'expliquer? On a dit que la prohibition établie par Auguste, ayant soulevé des protestations, avait été abandonnée. C'est une simple conjecture. Il nous paraît plus vrai de croire, que les édits des premiers empereurs n'eurent de valeur à l'origine que pour la durée de leur pouvoir, comme ceux des préteurs, avec cette différence par conséquent qu'ils étaient viagers au lieu d'être annuels (7). Les successeurs devaient donc

---

(1) *Nullam adulteram non eamdem esse veneficam*, lui fait dire Quintilien, V, xi, 39.

(2) Loi 2, Dig., XXIII, 3. Cf. loi 1, Dig., XXIV-3.

(3) Ihering, II, p. 206. Cf. *Laudatio Turiae* dans Girard, *Textes*, p. 731.

(4) Sent., II, 21 B, § 2.

(5) L'édit d'Auguste ne nous est connu que par la fr. 2 pr. Dig., XVI, 1.

(6) Loi 2 pr. Dig., XVI, 1.

(7) Girard, *Manuel*, p. 58.

renouveler ceux qu'ils jugeaient utiles. C'est ce que fit Claude pour l'édit d'Auguste.

Bientôt la femme fut frappée d'une incapacité plus étendue : peut-être sous le règne de Claude lui-même (1). Le sénatusconsulte Velléien défendit à la femme d'intercéder pour autrui.

Mais à l'idée de protection s'ajoutait une idée de défiance : on voulait écarter la femme des *officia virilia*. Le sénatusconsulte s'en expliquait : « *cum eas (mulieres) virilibus officiis fungi et ejus generis obligationibus obstringi non sit æquum* » (2). Aussi n'est-ce pas à la femme mariée seule que s'adressait la prohibition : c'est à la femme en général, mariée ou non.

Le sénatusconsulte par sa généralité rendit inutile l'édit de Claude qui prohibait l'intercession de la femme au profit de son mari. Il l'absorba (3). C'est ainsi qu'on peut expliquer que les jurisconsultes romains aient assigné au sénatusconsulte un but de protection, qui se manifeste surtout en tant qu'il défend aux femmes de s'obliger pour leur mari.

8. — L'étude des dispositions de ce sénatusconsulte n'entre point dans le cadre de ce travail (4). Nous voudrions seulement montrer à quels actes il s'appliquait, quels actes par conséquent la femme ne pouvait pas faire pour son mari.

(1) Le stc. Velléien paraît bien être de l'an 46, bien qu'on l'ait contesté. Sur la date de ce stc., V. Dubois, *Du sénatusconsulte Velléien*, p. 12.

(2) Loi 1, § 1, Dig., XVI, 1. Cf. loi 2, Dig., L. 17.

(3) Loi 2, § 5, Dig., XVI, 1. Lois 7, 13 et 15 Code. On a cependant soutenu que l'édit de Claude était resté en vigueur. Mais on n'en cite aucune trace. Cf. Vangerow, *Lehrbuch der Pandekten*, § 581, p. 279.

(4) Sur la sanction de ses dispositions, voir un intéressant article de M. Labbé, qui assimile la sanction du Velléien à celle de la loi Ciucia (appendice aux dissertations de Machelard, p. 398 et suiv.).

Dans l'opinion générale « l'intercession est le fait de celui qui sans intérêt personnel s'adjoint à l'obligation d'autrui ou y substitue sa propre obligation (1). L'*expromissio* et l'*adpromissio*, le *mandatum pecuniæ credendæ*, le pacte de constitut *pro debito alieno*, la constitution de gage ou d'hypothèque pour la dette d'autrui, voilà quels actes englobe le mot générique *intercessio*. C'est *lato sensu* une obligation pour autrui.« *Omnis omnino obligatio senatusconsulto comprenditur*, dit Ulpien (2) ». Il y a donc *intercessio* aux trois conditions suivantes : a) celui qui intercède devient débiteur : b) il prend sur lui une obligation étrangère ; c) il traite avec le créancier.

M. Labbé (3) a contesté cette théorie traditionnelle. Se fondant sur deux textes difficiles à expliquer dans l'opinion commune, il admet que tout acte juridique peut contenir une *intercessio*, lorsqu'il est fait dans l'intérêt d'autrui. Ainsi l'aliénation faite par la femme, pour faire profiter le mari de la valeur du bien aliéné, serait une *intercessio*. C'est bien ce qui paraît résulter d'un texte de Pomponius (4), qui prévoit l'hypothèse suivante. Une femme vend un de ses biens à un créancier de son mari pour libérer celui-ci envers l'acheteur. Si elle revendique le fonds, elle sera protégée contre l'exception *rei venditæ et traditæ* par la réplique tirée du sénatusconsulte Velléien. N'est-ce pas dire que l'aliénation qu'elle avait consentie constituait une *intercessio* (5) ?

---

(1) Accarias, II, nº 574 ; — Dubois, *op. cit.*, p. 22 ; — Gide, *op. cit.*, p. 155 ; — Vangerow, *op. cit.*, § 577.

(2) Loi 2, Dig., *h. t.*

(3) Etude citée, p. 10, nº 4.

(4) Loi 32, § 2, Dig., *h. t.*

(5) Et la même conclusion nous paraît résulter de la loi 17, § 1. Ce texte

Mais alors comment se fait-il que Gaius nous dise que le sénatusconsulte Velléien ne s'applique pas « *si vendiderit rem suam, sive pretium acceptum pro alio solvit, sive emptorem delegavit creditori* » (1). Peut-être faut-il n'y voir que l'expression d'une opinion personnelle. Il nous dit en effet : *non puto senatusconsulto locum esse.* — M. Labbé a donné du texte une autre explication, qui cadre très bien avec son opinion sur la sanction du sénatusconsulte Velléien. Le Velléien, comme la loi Cincia, ne permet de revenir sur l'acte accompli que si on garde un moyen d'attaque ou de

très concis nous met en présence d'une convention dite *pactum de postponendo.* Voici l'hypothèse prévue. Une femme divorcée a reçu en gage de son ancien mari le fonds Cornélien, qui lui garantit la restitution : 1º de sa dot, et 2º d'une somme d'argent, qu'elle lui a prêtée. Le mari veut emprunter. Il s'adresse à un capitaliste, qui lui demande en gage le fonds Cornélien. La femme consent à s'en dessaisir, moyennant le payement de sa dot. Mais elle ne déclare pas au créancier du mari que le fonds est encore affecté au payement d'une autre créance. Plus tard elle exerce l'action servienne. Le créancier lui oppose qu'elle a consenti à la constitution de gage. Peut-elle répliquer que ce consentement constitue une *intercessio* rentrant sous l'application du sénatusconsulte Velléien ? Il paraît bien que non, dans l'opinion commune, puisqu'elle ne s'est pas obligée. Et cependant tel n'est pas le motif donné par Africain, pour repousser la prétention de la femme. Si la réplique du sénatusconsulte Velléien ne produit pas son effet, c'est que, dit le jurisconsulte, la femme a trompé le créancier en lui laissant ignorer que le fonds lui restait affecté pour une autre créance. La réplique ne triomphera pas, dit le texte « *nisi creditor scisset etiam aliam pecuniam ei deberi* ». Donc *a contrario*, s'il l'avait su, le Velléien eût été invoqué avec profit. Nous ne croyons pas qu'on ait répondu d'une façon satisfaisante à l'objection qu'on peut tirer de ce texte contre l'opinion commune. On dit que cette décision a été donnée conformément à l'esprit du sénatusconsulte Velléien qui a voulu protéger la femme contre l'illusion qu'elle n'aura rien à débourser. La femme peut croire que le gage lui sera encore une garantie suffisante, même après avoir servi à désintéresser ce créancier, soit. Mais il reste toujours vrai que la femme ne s'oblige pas dans notre cas et pourrait cependant invoquer le Velléien, si le créancier du mari avait connu la situation.

(1) Loi 5 Dig., *h. t.*

défense. Or on peut conjecturer que Gaius parle de l'aliénation d'une *res nec mancipi*. Il emploie en effet l'expression générique *res*. Or, la tradition d'une *res nec mancipi* a complètement dessaisi la femme, qui se trouve dans l'impossibilité de faire valoir la protection que lui avait assurée le sénatusconsulte Velléien.

La femme ne peut donc disposer en aucune façon de ses valeurs paraphernales en intercédant pour autrui.

D'autre part, la loi Julia la protège contre les aliénations de ses biens dotaux, faites par le mari sans son assentiment. A en croire Justinien, elle irait même plus loin et défendrait l'hypothèque de ces biens, même du consentement de la femme. Remarquant d'une part que Gaius (1) et Paul (2) ne mentionnent pas la prohibition de l'hypothèque parmi les dispositions de la loi Julia ; et que, d'autre part, l'hypothèque était encore peu connue à l'époque d'Auguste, on a conjecturé que la prohibition de l'hypothèque du fonds dotal pourrait bien dériver de l'interprétation du sénatusconsulte Velléien. Et la conclusion serait que l'hypothèque du fonds dotal n'était prohibée que si elle constituait une intercession (3).

Avec ce point de départ on est amené de même à décider, que l'aliénation du fonds dotal, en général permise au mari si la femme y consent, sera au contraire inefficace, si elle contient une intercession.

9. — Lorsque la loi Julia et le sénatusconsulte Velléien eurent atteint leur plein développement, la femme mariée se trouva complètement protégée contre l'abus d'influence du mari.

(1) II, § 63.
(2) Sent., II, 21 B, § 2.
(3) Demangeat, *Du fonds dotal*, p. 215 et ss.

Elle ne pouvait certainement pas s'obliger à son profit ou à sa place.

Elle ne pouvait pas davantage hypothéquer ou aliéner ses biens, dotaux ou paraphernaux, si l'hypothèque ou l'aliénation contenaient une intercession.

Si nous remarquons, d'autre part, que les donations entre époux étaient prohibées, et que tous pactes, ayant pour objet de restreindre les droits dotaux de la femme, étaient annulés par la jurisprudence (1), nous arrivons à cette conclusion, que le droit romain a établi une complète séparation d'intérêts entre la femme et le mari. Et cette séparation absolue n'est pas sans contraster avec les définitions célèbres que les jurisconsultes nous donnent du mariage (2). On se l'explique pourtant, quand on considère la fréquence des divorces. « Toute la législation romaine, a-t-on dit avec quelque exagération, n'a été calculée qu'en vue de ces séparations fréquentes, qui faisaient dégénérer le mariage en une sorte de prostitution légale (3) ».

Sous la réserve des prohibitions que nous venons de signaler, la femme mariée était aussi capable que celle qui était libre du lien conjugal. Le droit romain ne connaissait pas la règle de l'autorisation maritale (4). Aussi les contrats à titre onéreux entre époux étaient-ils permis, comme le montrent des textes nombreux (5). L'un d'eux nous signale l'existence de sociétés entre

(1) Lois 14 et 18, Dig., XXIII-4. Paul, *Sent.*, I-1, § 6.
(2) Nuptiae sunt, dit Modestin, conjunctio maris et feminæ et consortium omnis vitae, divini et humani juris communicatio. Loi 1, Dig., XXIII-2. Cf. Inst. I-9, § 1.
(3) Volowski, *De la société conjugale* (*R. de législ.*, XXV, p. 178).
(4) Gaius en signale l'existence dans la *lex Bithynorum*, I, § 193.
(5) Lois 7, § 6, 38, 52,58, Dig., XXIV-1; lois 16, § 3, 9, § 3, Dig., XXIII-3. Cf. Aulu-Gelle, 17-6.

époux ; on a voulu y voir bien à tort l'origine de notre régime de communauté (1).

Cette situation se prolongea sans modifications notables jusqu'à Justinien.

Des exceptions à la règle prohibitive du Velléien furent successivement admises (2). Peut-être se posa-t-on la question de savoir si la femme pouvait renoncer au bénéfice de ce sénatusconsulte (3). Le christianisme, devenu religion officielle avec Constantin, s'attacha à relever la condition civile de la femme, en assurant autant que possible la permanence des unions, en faisant augmenter ses droits successoraux, et consacrer les droits de la mère sur la personne de ses enfants. Mais c'est seulement à Justinien que nous devons des modifications radicales aux règles suivies par le droit classique en matière d'intercession.

10. — Les réformes qu'il fit furent inspirées par des idées tout opposées à celles qui avaient fait voter le sénatusconsulte Velléien. Une pensée de protection seule le guida. Aussi sépara-t-il nettement l'intercession de la femme en général, et celle de l'épouse au profit de son mari.

La femme peut intercéder pour autrui si elle manifeste d'une façon ferme sa volonté de s'obliger. Ainsi l'intercession vaudra, si elle a été réitérée après deux ans d'intervalle (4). Elle vaudra encore si la femme déclare

(1) Cf. Accarias (*Précis*, II, p. 339, n. 3).

(2) Loi 32, § 2, Dig., XII-6. Loi 24, Code, IV-29. Loi 3, § 2 et 3, Dig., XL-12. Loi 41, Dig., III-3.

(3) La question est célèbre. Elle est discutée avec détail dans Dubois, *op. cit.*, § 20, p. 73 et suiv.; dans Vangerow, *op. cit.*, § 581, Windscheid, *Pandekten*, II, § 485.

(4) Loi 22, Code, IV-29.

que son engagement lui a procuré un profit, que par exemple il lui a été payé (1). Pour provoquer la réflexion de la femme, Justinien exigea que l'*intercessio* fût constatée dans un acte public : les cas dans lesquels cette formalité est requise, et les conséquences de son omission soulèvent d'ailleurs d'assez graves difficultés, que nous n'avons point à examiner. — En un mot, des formalités, des garanties remplacent l'ancienne prohibition. La femme est protégée, elle n'est plus incapable.

Tout autre est la situation de la femme mariée, lorsqu'il s'agit de son intercession au profit du mari. La réforme de Justinien sur ce point se lie à une série d'autres mesures prises dans l'intérêt de la femme.

En même temps qu'il lui donnait un privilège, puis une hypothèque, transformée ensuite en hypothèque privilégiée, pour la restitution de sa dot (2), il défendait l'aliénation du fonds dotal, même si la femme y consentait, « *ne fragilitate naturae suæ in repentinam deducatur inopiam.* »

L'inaliénabilité absolue ne se maintint d'ailleurs que peu de temps. Dans la novelle 61, il soumit l'aliénation des biens de la donation *ante* ou *propter nuptias* et la constitution d'hypothèque sur ces biens aux règles édictées pour l'intercession de la femme en général (3). Or

---

(1) Loi 23, pr. et § 1, Code, *h. t.*

(2) On a même soutenu qu'il avait rendu la femme propriétaire du fonds dotal : ce qui ne concorde pas avec les termes de ses constitutions.

V. sur cette question : Accarias, I, n° 315 ; Demangeat, *Du fonds dotal*, 96 et s. ; Gide, *Caractère de la dot en droit romain*, à la suite de son étude sur la condition privée de la femme, p. 31; Labbé sur Ortolan, III, p. 930.

(3) « Consensus enim in talibus aut in hypothecam aut in venditionem aut in aliam alienationem conscriptus percipienti omnino non proderit, si semel consensus fiat, sed sicut in intercessionibus scripsimus, ut opor-

la même règle s'applique au fonds dotal, comme cela résulte de la rubrique de la novelle, et de ses paragraphes 3 et 4. Le fonds dotal et les biens de la donation *ante* ou *propter nuptias* peuvent donc être aliénés valablement, si l'opération n'est pas une intercession, ou si l'on a observé les règles requises pour l'efficacité des intercessions. Toutefois une restriction fut apportée à cette règle : en toute hypothèse, l'aliénation ne valait que si le mari avait des biens suffisants pour désintéresser la femme.

Jusque-là la protection de la femme mariée ne se manifeste que par ce recours qui lui est donné contre le tiers acquéreur des biens dotaux, lorsque le mari est insolvable. L'intercession est soumise au droit commun précédemment rappelé en ce qui concerne les paraphernaux.

11. — La novelle 134, chapitre 8, organise au profit de la femme mariée une protection beaucoup plus complète (1). Elle dispose en effet :

Et illud vero prævidimus pro subjectorum utilitate corrigere ut, si qua mulier crediti instrumento consentiat proprio viro aut scribat et propriam substantiam aut seipsam obligatam faciat : jubemus nullatenus hujusmodi valere aut tenere, sive semel, sive multoties hu-

----

teat biennii tempore existente rursus aliam professionem scribi confirmantem consensum, et tunc ratum esse quod factum est, sic et in hoc fiat, et si consentiat mulier, secundum speciem in intercessionibus sit omnino idemnis, nisi etiam secundum, sicuti prædiximus, celebraverit consensum. Plurima namque ex primo mox auditu deliquuntur, muliere quippe mariti seductionibus facile decepta et propria neglegente jura, cum vero in plurimo tempore cogitaverit pro negotio, fiet forsitan cautior », nov. 61, § 1 (éd. Schoell).

(1) Cette novelle est connue sous le nom d'authentique *si qua mulier*. C'est sous ce nom que nous la désignerons généralement.

jusmodi aliquid pro eadem re fiat ; sive privatum sive publicum sit debitum: sed ita esse ac si neque scriptum esset : nisi manifeste probetur quia pecuniæ in propriam ipsius mulieris utilitatem expensæ sunt.

L'*intercessio* de la femme au profit de tout autre que le mari est donc valable, si elle satisfait aux conditions générales mises à la validité des intercessions. Si au contraire la femme intercède pour son mari, elle fait un acte absolument nul. C'est un retour à l'édit d'Auguste, qui fait apparaître d'une façon très nette l'intention de Justinien de protéger la femme contre l'abus d'influence du mari.

Une seule restriction, qui d'ailleurs s'imposait, fut mise à la prohibition prononcée par la novelle. Elle résulte des derniers mots du texte : « *nisi manifeste probetur...* ». La protection de la femme n'exigeait pas qu'on l'autorisât à se soustraire à un engagement qui lui profitait. En la déliant de son obligation, on l'eût laissée soumise à un recours fondé sur son enrichissement injuste. Mieux valait maintenir en ce cas le contrat.

La novelle 134 laissa d'ailleurs en vigueur la novelle 61. Le système de protection organisé par cette constitution fut jugé suffisant. L'aliénation et l'hypothèque des biens dotaux, alors même qu'elles contenaient une intercession, étaient donc valables, sauf le recours de la femme contre le tiers acquéreur, si les biens du mari ne suffisaient pas à lui en assurer la restitution.

Tel est le dernier état de la législation romaine en notre matière. La défense d'intercéder ne s'adresse plus à la femme, mais à l'épouse. Et cette défense n'est plus fondée sur des raisons d'ordre public, mais sur l'intérêt de la femme et de la famille.

Nous devons observer que ce n'est pas le droit romain
de Justinien qui a le premier agi sur la formation des
législations modernes. Longtemps avant cet empereur,
le droit de la fin de l'époque classique avait commencé
son infiltration dans les coutumes des Barbares. Ce
n'est qu'au XII⁰ siècle que la connaissance de la compilation de Justinien renouvela l'influence romaine et la
rendit prépondérante. Avant de montrer ce qu'il advint
de la législation romaine, symétrique et régulière, dans
sa fusion avec les coutumes confuses et hétérogènes du
moyen âge, recherchons l'origine de ces coutumes et in-
diquons d'un mot l'influence du christianisme qui faci-
lita la pénétration réciproque de ces deux sources du
droit moderne, en les imprégnant souvent de son esprit.

SECTION II. — INFLUENCE GERMANIQUE.

12. — Une source commune, où les législateurs ont
puisé inconsciemment, est la tradition germanique. Les
Germains se répandirent dans presque toutes les parties de l'Europe, emportant avec eux leurs coutumes
nationales. Elles se diversifièrent au contact des mœurs
nouvelles ; mais elles exercèrent partout une influence
profonde sur la destinée des peuples qui subirent l'invasion.

Les rares documents (1) qui nous restent sur le droit
des Germains avant l'invasion nous montrent la femme
impuissante et asservie, mais entourée de respect et
d'honneurs dans sa famille et sa tribu. Quiconque ne

____

(1) *Germanie* de Tacite. Codes scandinaves. Divers poèmes nationaux.

peut porter les armes est incapable : la femme est du nombre. Mais les superstitions populaires l'ont entourée d'une auréole surnaturelle, qui fait croire au guerrier germain que ses conseils ont été inspirés par les dieux (1).

Dans le domaine strictement juridique, sa capacité est très restreinte. Elle a un patrimoine composé de la dot que lui fournit sa famille et de celle qui lui est donnée par son mari (2). Mais celui-ci exerce sur ce patrimoine des droits très étendus. Tout au plus sont-ils atténués par un certain contrôle des parents de la femme : contrôle de pur fait, mais qui n'en est pas moins efficace à ces époques de barbarie. Il paraît d'ailleurs que ces pouvoirs pouvaient cesser par une sorte de séparation de biens (3).

A cette époque, il ne pouvait guère être question d'abus d'influence du mari pour décider sa femme à s'engager à son profit. Les conventions juridiques étaient rares, et la solidarité de famille tenait lieu du cautionnement volontaire.

Ce que nous devons retenir du rôle de la femme germaine dans la vie sociale, c'est le respect qu'elle inspire. Son rôle juridique est très effacé. Mais comme le dit M. Gide (4) en excellents termes : « Le sentiment enthousiaste, cette espèce de culte pour la femme, que Tacite signalait comme un des caractères particuliers de

---

(1) De l'estime et de la considération que les Germains avaient pour les femmes de leurs nations (*Mém. de l'Ac. des insc. et belles-lettres*, t. V, p. 380).

(2) « *Dotem non uxor morito sed uxori maritus offert. Intersunt parentes et propinqui et munera probant* ». Tacite, 18. C'est l'origine du douaire.

(3) Gide, *op. cit.*, p. 207.

(4) *Op. cit.*, p. 214.

la Germanie primitive, est devenu l'un des traits les
plus caractéristiques des sociétés modernes ». L'hé-
roïsme chevaleresque auquel il a donné naissance n'a
peut-être pas été sans quelque influence sur la capacité
juridique de la femme mariée. Les jurisconsultes romains avaient mis en avant, pour écarter la femme de la
vie juridique, sa faiblesse morale, sa *levitas animi*. Dans
les mœurs germaines, c'est surtout sa faiblesse physique
qu'on envisage. Et le sentiment respectueux qu'elle inspire conduit le législateur à lui assurer une protection.
Le rôle de protecteur que les peuplades primitives assignent aux parents de la femme est plus tard resté au
mari seul, lorsque l'intrusion d'un pouvoir étranger
dans le ménage a blessé les mœurs. Ce rôle de protection
apparaît à peine dans les textes romains (1). Il est au
contraire à la base des législations issues du droit germanique, lorsqu'il n'a pas sombré au contact des principes romains. C'est à lui que nous devons la règle de
l'autorisation maritale, dont l'existence nous est révélée
à une époque très reculée.

SECTION III. — INFLUENCE DU CHRISTIANISME.

13. — Le christianisme a exercé une influence mar-
quée sur la formation du droit de la plupart des nations
modernes. C'est lui qui a servi de trait d'union entre
les institutions barbares et celles qu'avait édifiées le
droit romain. En contact permanent avec ces nations
jeunes et sauvages, il a été un puissant instrument de

(1) Cf. Loi 2, Dig., 47-10.

civilisation. L'un des moyens dont il s'est servi pour accomplir son œuvre est la législation païenne des Romains. Il l'a souvent adaptée à ses vues politiques. Il en a usé aussi très souvent dans l'ordre des intérêts privés. Si parfois l'Eglise paraît avoir montré contre le droit romain une certaine hostilité, qui l'a portée à en prohiber l'étude dans quelques Universités, il faut y voir la manifestation d'une rivalité passagère, parfois même locale (1).

Une des institutions que l'Eglise s'est attachée à façonner avec le plus de prédilection est celle sur laquelle repose la famille : le mariage. Elle y a porté, à côté de vues élevées, des doctrines étroites qui ont conduit les canonistes à rabaisser le rôle de la femme. Saint Paul disait bien aux Ephésiens « d'aimer leurs femmes comme le Christ a aimé l'Eglise en sacrifiant sa vie pour elle (2) ». Et Saint Jérôme affirmait à son tour l'égalité des sexes devant la morale lorsqu'il disait : « Chez nous ce qu'on défend aux femmes, on ne le permet point aux hommes et le même devoir tient asservis les deux époux (3) ». Mais en partant de l'idée que le mariage est un mal nécessaire, l'état de célibat étant le plus agréable à Dieu, les canonistes ont réglementé strictement les rapports conjugaux avec la logique subtile qui leur est familière. Et développant cette idée, que la femme est un instrument de tentation, ils sont arrivés à affirmer la supériorité morale de l'homme sur la femme et le lien de subordination, presque de servitude, qui doit l'unir à son époux. « *Hinc apparet,* dit un canon, *que-*

---

(1) Cf. Tardif, *N. R. hist.*, 1880, p. 291.
(2) Ep., *ad Ephes.*, V, 25.
(3) Ep., *ad Oceanum.*

madmodum subditas feminas viris et pene famulas lex esse voluerit uxores (1) ».

Ces doctrines se sont traduites dans l'ordre juridique par le développement de la puissance maritale, en harmonie avec les coutumes germaniques, et en même temps par l'exclusion de la femme des offices virils. L'aiguille et la quenouille devaient être la seule occupation des femmes, selon la prescription de l'un des canons d'un synode de Nantes (2). Le mari est le protecteur de sa femme. Il la représente dans ses relations extérieures. Voilà des règles bien favorables au développement du Velléien. Il n'est pas douteux qu'elles aient influé sur sa diffusion.

Telle fut la doctrine des canonistes. Est-ce bien celle du christianisme ? Il nous paraît que la masse simpliste, à qui l'on disait que tout devait être commun entre l'homme et la femme, dut tirer de ces prescriptions des conséquences différentes de celles que proposait le droit canonique. L'indissolubilité du lien conjugal, que l'Eglise fit prévaloir, scellait cette communauté. Ainsi se formait un courant populaire favorable à l'égalité des droits entre époux. Sans doute il n'est pas possible de voir dans le droit canonique l'origine de la communauté de biens. Mais l'esprit chrétien n'a pas été étranger à sa diffusion rapide dans les classes de la société, sur lesquelles de tout temps l'Eglise a eu le plus d'empire. Il agissait d'ailleurs dans le même sens que l'influence germanique, qui a été beaucoup plus apparente, parce qu'elle a laissé des documents écrits.

(1) Decretum (*secunda pars, causa* XXXIII, Q. V, canon 14).

(2) Laboulaye, *Recherches sur la condition civile et politique des femmes,* p. 443.

CHAPITRE II

14. — Maintenant que nous avons une idée des éléments qui ont agi sur le développement du droit en
notre matière, nous devons examiner quelle solution a
été donnée à notre question dans les principales législations.

Nous dirons d'abord quelques mots des Etats scandinaves, qui sont restés le plus longtemps attachés à la
tradition germanique. Nous verrons ensuite le développement également autonome de la législation anglaise,
et nous y rattacherons quelques indications sur les législations des Etats-Unis, qui en sont souvent issues.
Nous verrons l'influence chrétienne s'exercer surtout en
Espagne, l'influence romaine devenir prépondérante en
Italie et même dans les pays allemands, et tous les éléments se confondre dans les coutumes de notre ancienne
France (1).

SECTION I. — ETATS SCANDINAVES.

15. — Les Etats scandinaves sont ceux, où s'est le

(1) Cf. sur ces législations le remarquable travail de M. Gide sur *La
condition privée de la femme* (éd. Esmein, 1885).

mieux conservée la tradition germanique. Ils n'ont pas subi l'influence du droit romain et le christianisme n'y a pénétré que fort tard. Les vieux codes des temps primitifs y sont longtemps restés en vigueur.

La capacité de la femme s'est ressentie de la rudesse du droit : la tutelle perpétuelle, sous laquelle on l'a tenue très longtemps, n'a pas encore disparu.

Elle existe en Norwège, où elle est réglementée par une loi du 28 septembre 1857. Elle est d'ailleurs atténuée, si la femme, parvenue à l'âge de 25 ans, obtient la *venia sexus*. La situation qui en résulte est une sorte de curatelle.

En Suède, une loi du 5 juillet 1884 (1) l'a rendue facultative. L'article 1 de la loi dit,en effet,que « la femme non mariée, âgée de 21 ans accomplis, est majeure, et peut administrer elle-même ses biens et en disposer ». Mais l'article 2 ajoute : « Si la femme non mariée qui a atteint cet âge veut renoncer au bénéfice de la majorité, elle doit en faire la déclaration auprès du tribunal qui la met alors en tutelle ».

Elle est aussi facultative en Finlande, d'après le Code de 1877 (art. 512).

En se mariant la femme passe sous la puissance de son mari. Les pouvoirs du mari sur les biens de la femme furent longtemps comparables à ceux d'un maître. Le Code suédois de 1734 lui défendit d'aliéner les immeubles. Une loi du 11 décembre 1874 (2) étendant la liberté des conventions matrimoniales permet à la femme de conserver l'administration de ses biens.

Les biens personnels de la femme ne sont pas le gage

(1) *Ann. lég. étr.*, 1884, p. 646.
(2) *Ann. lég. étr.*, 1874, p. 566.

des créanciers du mari. Mais aucune disposition législative n'empêche la femme de s'obliger pour son époux. Le texte même de la loi l'autorise à s'obliger avec lui, et ne lui défend nulle part de s'obliger pour lui.

En Norwège, la femme en se mariant garde la même capacité que la femme non mariée. Telle est la règle formulée par une loi récente du 24 juin 1888 (art. 11) (1). D'après l'article 13 de cette loi « le cautionnement, le transport, l'endossement ou tout autre acte par lequel la femme s'engage pour une dette ou une obligation du mari ou de la communauté, ou la renonciation à des sûretés sur ses biens ou les biens communs, ne sont obligatoires pour la femme que s'ils ont eu lieu avec le consentement de l'autorité tutélaire ». Ainsi donc l'intercession au profit du mari n'est pas prohibée. La femme est seulement garantie contre l'abus de l'autorité maritale.

SECTION II. — ANGLETERRE (2).

16. — Les jurisconsultes anglais font remonter à l'invasion normande l'origine du développement de leur droit national. Ce sont les institutions féodales normandes, qui lui ont en effet donné le caractère qu'il a conservé jusqu'à nos jours. Ce caractère féodal a exercé une influence directe sur la capacité de la femme.

Impuissante à tenir l'épée, la femme dut se trouver en tutelle perpétuelle : c'est le sort qui lui fut en effet réservé pendant plusieurs siècles.

Lorsque la féodalité perdit son caractère militaire, la

---

(1) *Ann. lég. étr.*, 1888, p. 762.

(2) Gide, *op. cit.*, p. 237 ; Glasson, *Histoire du droit et des institutions de l'Angleterre*, VI, p. 184 et suiv.

femme fut soustraite à la tutelle. Mais le pouvoir marital vécut longtemps encore avec sa rigueur primitive.

On a souvent comparé le développement du droit anglais à celui du droit romain. Une analogie manifeste se remarque en notre matière. La situation de la femme mariée fut, pendant des siècles, assez analogue à celle de la femme romaine *in manu*. Sa personnalité s'absorbait dans celle du mari : à tel point qu'un délit commis par elle en présence du mari était imputé à celui-ci. Aussi tout contrat entre époux était-il nécessairement impossible. Mais, comme le préteur romain, les Cours d'équité introduisirent des tempéraments à la rigueur du *common law*. Comme le mari n'acquérait pas le pouvoir d'aliéner les biens de sa femme, et que le consentement qu'elle pouvait donner était inefficace, ces biens se trouvaient inaliénables. On tourna la prohibition de la manière suivante. Les époux se laissaient poursuivre en justice par celui à qui ils voulaient transmettre le bien de la femme. Ils ne se défendaient pas, ils étaient condamnés, et l'acquéreur investi se trouvait garanti contre toute action des époux par l'autorité de la chose jugée. Craignant d'ailleurs un abus d'influence du mari, les juges faisaient comparaître la femme seule, avant l'instance, pour s'assurer qu'elle consentait de son plein gré à l'aliénation.

Écartant la fiction, la jurisprudence reconnut une volonté propre à la femme, et lui permit d'intervenir à l'acte d'aliénation de ses biens, en concours avec son mari. Mais on maintint toujours la règle protectrice de ses intérêts en exigeant sa comparution devant le juge avant qu'elle donne son consentement à l'aliénation (1).

(1) St. 3, 4, Will. IV, c. 74.

Bientôt on arriva à lui donner plus d'indépendance en lui permettant de conserver la libre disposition de tous ses biens, meubles ou immeubles. La femme en se mariant les remettait à des *trustees*, sorte de fidéicommissaires, qui acquéraient le titre de propriétaires, d'après le *common law*, mais qui n'avaient en équité qu'un titre vain, un *nudum jus quiritium*. La femme gardait le domaine utile (*use*) : seule elle pouvait disposer. Ayant un patrimoine libre et indépendant du mari, elle pouvait traiter avec lui ou s'engager à son profit, sous certaines réserves admises par les Cours d'équité (1).

Ce système compliqué présentait l'inconvénient grave d'être coûteux. Aussi ne pouvait-il être pratiqué que par la classe riche. Les femmes pauvres restaient sous la puissance du mari, qui gardait le pouvoir de disposer de leurs biens. Il paraît que souvent les maris mésusaient de leurs droits. Des protestations s'élevèrent. Elles amenèrent, en 1868, une enquête qui se termina par le vote de l'act du 9 août 1870 (2). Cette loi donna à la femme la libre disposition des biens acquis par elle au cours du mariage, et lui permit de se réserver ceux qu'elle possédait au jour du mariage. Elle ne toucha pas à l'incapacité générale de la femme.

17. — Une réforme plus radicale fut demandée et sa réalisation ardemment poursuivie par la Ligue en faveur des droits des femmes (3). La loi du 18 août 1882 est venue donner à la femme son entière indépendance. Dé-

(1) Barclay, *Étude sur l'émancipation contractuelle de la femme mariée en Angleterre* (*Bull. Soc. lég. comp.*, 1882-83, p. 443).

(2) *Ann. lég. étr.*, 1870, p. 55. V. le commentaire de cette loi par M.Al. Ribot dans *Bull. Soc. lég. cpr.*, 1871, p. 6 ; — Esmein sur Gide, p. 259.

(3) La Ligue a obtenu des résultats en dehors du droit privé. — V. Franqueville dans *Académie des sc. mor. et pol.*, 1890, t. 133, p. 115.

sormais « la femme mariée est capable d'acquérir et tenir comme sa propriété séparée tout bien réel et personnel, et d'en disposer par testament ou autrement, de la
même manière que si elle était non mariée et sans qu'il
soit besoin de l'intervention d'un *trustee* » (1). Aucune
restriction n'est apportée à son droit d'aliéner, et il n'est
plus nécessaire que le juge s'assure de la liberté de son
consentement.

La fin de l'évolution est donc le régime de la séparation de biens sans l'autorisation maritale. C'est le mariage sans *manus* du droit romain, avec cette différence
importante que la femme capable de traiter avec son
mari n'est pas soumise à la prohibition d'intercéder pour
lui. Cependant une disposition de la loi (art. 3) rendra
assez rares les contrats entre époux. La femme créancière de son mari n'est payée s'il tombe en faillite (et la
faillite s'applique aux non-commerçants comme aux
commerçants)(2),qu'après que tous les créanciers à titre
onéreux sont désintéressés.

La législation anglaise permet d'ailleurs à la femme
de se soustraire à l'influence du mari, en se soumettant
par contrat de mariage à une incapacité contractuelle.
Conformément à une pratique ancienne, la femme peut
rendre indisponibles ses biens présents et même ses biens
à venir. Elle ne peut alors les aliéner ni les engager pour
les obligations qu'elle contracte pendant le mariage. Elle
peut cependant obtenir de la justice l'autorisation de les
aliéner ou de s'obliger sur eux lorsqu'elle doit en retirer

____

(1) *Ann. lég. étr.*, note de M. Barclay, 1882, p. 329. — Cf. Esmein par
Gide, *l. cit.* — S. Worthington Bromfield, *The married vomens property act.*
(2) Loi du 25 août 1883 (trad. Lyon-Caen, *Introd.*, p. XXXIII).

un avantage certain. C'est ce que décide la loi du 22 août 1881 (sect. 39) qui reste en vigueur (1).

Aperçu sur quelques législations américaines.

18. — D'après la plupart des législations des Etats-Unis, conformes à la législation anglaise, la personnalité de la femme s'absorba longtemps dans celle du mari. Mais son émancipation a partout commencé et marche à grands pas (2).

L'Etat de New-York fut un des premiers à opérer cette émancipation. Cependant la jurisprudence s'attacha à protéger la femme contre l'abus d'influence du mari. « Dans une espèce devenue classique en cette matière, dit M. Kelly (3), la femme avait endossé le billet de son mari par complaisance, sans être elle-même marchande publique. Le tribunal décida que l'endossement n'engageait pas les propres de la femme ».

La loi du 28 mai 1884 (4) a reconnu à la femme mariée « la capacité de contracter dans les mêmes conditions et dans les mêmes formes que si elle n'était pas mariée ». Elle ne faisait exception que pour les contrats faits entre mari et femme. Et l'exception a elle-même disparu depuis la loi du 14 mai 1892 (5) qui décide que : « une femme mariée peut contracter avec son mari ou avec toute autre personne dans la même mesure, avec les mêmes effets et dans la même forme qu'une femme non mariée ; et elle s'oblige et oblige tout son patrimoine personnel au payement de la dette contractée ».

(1) Esmein (*l. cit.*).
(2) Cf. *J. du dr. int. pr.*, 1874, p.264.
(3) Yale c. Dederer, 18, N. Y. 265. *Ann. lég. étr.*, 1884, p. 775.
(4) *Ann. lég. étr.*, 1884, p. 774.
(5) *Ibid.*, 1892, p. 922.

Dans l'Etat de Pensylvanie, la femme mariée, qui est en général affranchie de l'autorisation maritale, ne peut pas endosser de billet, ni servir de caution d'après la loi du 3 juin 1887 (1).

Le Code civil de la Louisiane défendait à la femme soit commune, soit séparée de biens par contrat de mariage ou judiciairement, de s'obliger pour son mari ou conjointement avec lui (art. 2412). Le créancier ne pouvait obtenir condamnation contre elle-même, si, dans le contrat, elle avait déclaré s'engager pour ses propres affaires, qu'à la charge de prouver que la somme avait été effectivement employée à son profit. Une loi de 1855 qui est encore en vigueur est venue décider que la femme s'engage valablement en obtenant une ordonnance du juge de district. L'ordonnance, annexée à l'acte constatant l'engagement de la femme, dispense le créancier de prouver que les sommes prêtées ont été employées utilement à l'avantage de la débitrice. Il paraît que cette formalité ne donne à la femme aucune garantie (2).

SECTION III. — Espagne.

19. — Les Wisigoths, maîtres de l'Espagne, lui donnèrent des lois, en grande partie empruntées à la législation romaine. « Sur la base du droit romain, dit M. Dareste (3), ils édifièrent une législation où l'on ne trouve plus que quelques traces du droit germanique ». Mais il

---

(1) *Ibid.*, 1887, p. 894.

(2) C. R. de M. Magne dans *Bull. Soc. lég. cpr.*, 1871-72, p. 201.
Sur la législation du Pérou, voir l'art. 189 du Code civil péruvien modifié par une loi du 8 octobre 1890, *Ann. lég. étr.*, 1890, p. 862.

(3) Sources du droit germanique (*J. des Savants*, 1896, p. 17).

ne suffit pas qu'un législateur parle pour se faire obéir :
les mœurs sont plus fortes que les lois. La séparation
d'intérêts entre les époux qu'établissait le *Fuero juzgo*,
par l'organisation du régime dotal, la prohibition des
dons entre époux et de l'intercession de la femme au
profit du mari ne pouvaient convenir à la race germanique qui avait apporté avec elle, en même temps que la
tutelle des femmes, le germe de la communauté conjugale.

L'indépendance espagnole, que les cités et la noblesse
payèrent de leur sang, profita surtout à la royauté et à
l'Église, qui usèrent de leurs pouvoirs pour remettre en
vigueur le droit canonique et lui rendre l'influence qu'il
avait perdue. Le *Fuero juzgo* renaît dans les Sept Parties (1), qui reproduisent à peu près textuellement les
lois romaines consacrées par le droit canonique. Le
régime dotal y est exposé en détail et complété par le
sénatusconsulte Velléien et l'hypothèque légale (2).
L'intercession pour le mari fait l'objet d'une prohibition
spéciale (3).

La communauté n'y est pas organisée. Elle formait
pourtant le droit commun de la péninsule. L'esprit chrétien, en contradiction encore avec le droit canonique,
avait assuré le développement de ce régime, dont les
Germains avaient apporté les premiers éléments.

Quand Ferdinand et Isabelle donnèrent les lois de
Toro, ils y inscrivirent la communauté à côté du régime
dotal, et sanctionnèrent en termes exprès le droit de
puissance maritale avec sa conséquence forcée, l'obliga-

(1) Compilation achevée en 1256 sur l'ordre d'Alphonse le Sage.
(2) Lois 23 et 33 du T. 13 de la V⁰ partie.
(3) Loi 3, T. 12 de la V⁰ partie.

tion pour la femme d'obtenir l'autorisation de son mari
pour accomplir les actes juridiques. En même temps,
ils reproduisaient la prohibition du Velléien, telle que
l'avait organisée Justinien, en distinguant selon que la
femme intercédait pour son mari ou pour un tiers. Dans
ce second cas, l'intercession valait sous certaines conditions ; spécialement il était permis à la femme de renoncer au bénéfice de la prohibition. Dans le premier cas
au contraire, l'intercession était nulle. Et la loi dépassant la rigueur du droit romain décidait que la femme
était réputée s'engager pour son mari, toutes les fois
qu'elle s'obligeait conjointement ou solidairement avec
lui. Même dans le cas où elle jouait le rôle principal et
où le mari n'intervenait que comme caution, on présumait que c'était lui le principal intéressé, et la femme
réputée simple caution était dégagée de son obligation.

Ces principes passèrent dans la *Recopilacion* de Philippe II et dans celle de Charles IV. Mais depuis longtemps ils étaient en désaccord avec les mœurs. Et les
jurisconsultes du commencement de notre siècle les jugeaient très sévèrement (1), bien que la jurisprudence
continuât à les appliquer (2).

Le projet de Code civil de 1851 en faisait disparaître
les dernières traces. Le Code de 1889 ne contient aucune
disposition restrictive de la capacité de la femme d'intercéder pour autrui. L'adoption du régime de communauté,comme régime de droit commun,commandait cette
solution. On conçoit d'ailleurs que le législateur n'ait

----

(1) Francisco de Cardenas, *De los vicios et defectos mas notables de
la legislacion civil de Espana*, p. 208.

(2) Escriche, *Diccionario de legislacion* aux mots *muyer*, 3 et *muyer
casada*, 4.

pas songé à prémunir la femme contre l'abus d'influence du mari. La règle de l'autorisation maritale n'est pas requise dans un but de protection de la femme (1).

En Portugal la situation de la femme est à peu près analogue d'après le Code civil de 1867. C'est le régime de communauté qui est aussi le régime de droit commun ; et la femme n'est pas incapable d'intercéder. Il est toutefois à noter que le mari ne peut aliéner aucun immeuble commun sans le consentement de la femme (2).

SECTION IV. — Italie.

20. — La patrie du droit romain ne pouvait échapper à son influence. Ce n'est pas seulement dans le droit privé que cette influence se fit sentir : la constitution politique elle-même des cités italiennes fut modelée sur celle des municipes romains.

Mais l'Italie a été si souvent envahie qu'il semble que son caractère national eût dû sombrer. Il n'en fut rien cependant. « Les rudes guerriers du Nord, dit élégamment M. Gide (3), une fois descendus dans la molle Italie, fondaient comme une avalanche de neige dans la tiède atmosphère des vallées ». La Rome catholique elle-même, malgré l'influence incontestable qu'elle exerça, ne put paralyser l'influence de la Rome païenne. La théocratie des souverains pontifes, pas plus que la féodalité, qu'essayèrent d'y implanter les Lombards, ne

(1) Loi 18 juin 1870 et art. 60 et 65 C. civ. de 1889.
(2) Cf. Guay, *France judiciaire*, 1884, I, 197.
(3) *Op. cit.*, p. 291.

purent s'imposer aux Républiques turbulentes et progressistes du moyen âge.

La loi lombarde qui régna quelque temps en Italie après l'invasion fut dure pour les femmes. Sous le régime militaire des Lombards, la femme fut soumise à une autorité tutélaire rigoureuse, qui ne cessait que pour faire place à celle du mari. Le *mundium*, droit pécuniaire, passait du tuteur au mari et du mari à ses héritiers. La femme était donc sujette à une stricte incapacité. L'édit de Rotharis s'exprimait sur ce point en termes formels : « *Mulier semper sub potestate viri aut potestate curtis regiæ debeat permanere ; nec aliquid de rebus mobilibus aut immobilibus sine voluntate ipsius in cujus mundio fuerit, habeat potestatem donandi aut alienandi* ».

Les cités italiennes, qui se formèrent sur les débris du royaume lombard, revinrent bien vite au droit romain. Mais l'influence lombarde se fit sentir sur la capacité de la femme, qui fut tenue dans la dépendance par le maintien du mundium et de la puissance maritale. On la protégea cependant contre l'influence du mari, en exigeant parfois qu'elle fût assistée de deux agnats. La tutelle aussi se transforma au contact des principes romains : et, comme la tutelle de l'impubère, elle eut pour sanction la rescision de l'acte passé par la femme, si elle était lésée. D'un autre côté, le régime dotal avec l'inaliénabilité, même du consentement de la femme, s'introduisit et se compléta par l'organisation de l'incapacité velléienne. C'est là d'ailleurs que cette incapacité tendit à se confiner. On abandonna peu à peu la prohibition de l'intercession au profit d'un tiers. Les glossateurs firent prévaloir la doctrine de la renonciation. Il ne resta que la défense faite à la femme d'intercéder pour son mari.

Ces principes, consacrés par les statuts municipaux de l'Italie du moyen âge, restèrent en vigueur, lorsque s'ouvrit l'ère de la décadence sous la domination étrangère. Le sénatusconsulte Velléien fut maintenu dans la plupart des Codes, que se donnèrent les États de la péninsule. Le Code sarde défendit à la femme de se porter caution et même de faire des libéralités (art. 1124 et 2054). La même règle fut consacrée par le Code de Modène (art. 2035). En Toscane (1) et dans les États du Saint-Siège (2), la femme fut assimilée à un mineur.

21. — Toutes ces restrictions à la capacité de la femme ont cessé par la mise en vigueur du Code de 1865 applicable à toute l'Italie. Il pose comme principe l'égalité des sexes. La femme peut donc intercéder pour autrui, si elle n'est pas mariée. Après son mariage, elle est soumise à la puissance maritale, qui est la seule cause de son incapacité (art. 134 et suiv.). L'autorisation est requise chaque fois que le mari peut la donner. Elle cesse d'être nécessaire, dès qu'il est dans l'impossibilité physique ou légale de la fournir, ou s'il y a séparation de corps. Comme l'autorisation maritale n'est pas requise dans l'intérêt de la femme, une autorisation générale, donnée par contrat de mariage ou au cours de l'union conjugale, est valable.

Bien que n'étant pas incapable, la femme n'en est pas moins exposée à subir l'influence du mari. Aussi chaque fois que les intérêts des époux sont en conflit, l'intervention du tribunal est nécessaire (art. 136). Le lé-

(1) Loi 18 août et 15 novembre 1814.
(2) *Moto proprio* du 10 nov. 1834 (art. 11, 21-30 et 52).

gislateur, en l'exigeant, s'est conformé à l'esprit qui l'a inspiré dans l'organisation des régimes matrimoniaux. On sait en effet que le régime de droit commun, qui est celui de la paraphernalité générale, repose sur la séparation d'intérêts entre les époux (1).

La portée de l'article 136 a d'ailleurs été discutée. A-t-il pour effet d'empêcher la femme de cautionner son mari ou de s'obliger avec lui? La question divisa la jurisprudence et la doctrine aussitôt après sa promulgation? Pour prétendre que le cautionnement pouvait être fourni par la femme avec la seule autorisation du mari, on alléguait que l'opposition d'intérêt dont parle l'article 136 doit être actuelle et non pas simplement éventuelle (2). Mais l'opinion contraire paraît bien avoir prévalu, en droit civil (3). On se demande seulement si la disposition de ce texte doit être appliquée en matière commerciale. La négative est plus généralement admise (4).

Quant à la question de savoir quel est l'effet d'une obligation contractée par la femme solidairement avec le mari, avec la seule autorisation de celui-ci, elle a divisé les auteurs et les tribunaux en trois partis. Les uns veulent qu'elle soit pleinement valable. Les autres

---

(1) Voir Huc et Orsier, *Le Code civil italien et le Code Napoléon*, p. 258 et suiv.

(2) Scotti, « Se la moglie possa obligarsi pel marito e in generale contrattare con lui senza l'autorizzazione giudiziale » (*Arch. giur.*, 1870, V, p. 605).

(3) Lordi, « Della sicurta o fidejussione data dalla moglie per una obligazione del marito, con la sola autorizzazione del marito estesso ; e della obligazione solidale contratta dalla moglie insieme al maritto, senza l'autorizzazione del tribunale civile » (*Arch. giur.*, 1895, LV, p. 161).

(4) Vivante, *Trattato di diritto commerciale*, t. 1, n° 95. — *Sic* C. Cass., Rome, 10 mars 1891, *Foro Italiano*, 1891, col. 1230.

l'invalident complètement à l'égard de la femme. D'autres enfin ne lui donnent que les effets d'une obligation conjointe en ce qui concerne celle-ci, en ne l'obligeant que jusqu'à concurrence de moitié (1).

SECTION V. — Pays allemands.

22. — Dans les États qui occupent le centre de l'Europe se sont exercées les diverses influences, dont nous avons déjà retrouvé la trace dans les autres nations. Elles ont d'ailleurs agi dans une mesure variable selon les États. L'unité de législation n'existe pas encore dans l'Empire d'Allemagne, bien que de bonne heure se soit formé un droit commun allemand.

La tutelle des femmes s'y maintint longtemps comme un vestige de l'ancien *mundium* (2). Elle reprit une force nouvelle, lorsque le droit romain fut devenu par une lente pénétration l'un des éléments essentiels du droit commun germanique (3), et de ce jour reçut une nouvelle justification, tirée de l'infériorité morale de la femme.

Le droit romain ne connaissait pas la puissance maritale. Celle que le droit germanique avait connue n'était qu'une prolongation du *mundium*, une véritable tutelle. Aussi à mesure que celle-ci perdait du terrain jusqu'à

---

(1) V. la discussion de cette question dans Lordi, *l. cit.*, p. 164 et suiv.

(2) *Sachsenspiegel*, I, 45, § 2 et *Schwabenspiegel*, 59-5. D'après le *Miroir de Saxe*, le tuteur ne peut s'opposer à une aliénation proposée par la femme que s'il est héritier présomptif.

(3) Sur la *réception* du droit romain en Allemagne, voir Savigny, *Histoire du droit romain au moyen âge* et les renvois bibliographiques de Dernburg, *Pandekten*, I, p. 4 et suiv.

disparaître, la puissance maritale diminuait également d'importance. Et de nos jours quelques Etats ignorent le principe de l'autorisation maritale. Si la femme voit ses droits limités sur son patrimoine, cela tient à ce que le contrat de mariage a conféré des droits au mari.

23. — Que devint dans cette évolution la règle prohibitive des intercessions de la femme au profit du mari?

Le sénatusconsulte Velléien et l'authentique *si qua mulier* restèrent inconnus jusqu'à la renaissance du droit romain. Dès qu'ils s'introduisirent avec la force légale qui fut reconnue aux textes de la compilation de Justinien, ils soulevèrent dans la pratique des protestations et on chercha à les tourner. On en resserra de plus en plus l'étendue d'application, en multipliant les exceptions qui figuraient déjà au Digeste et en développant la théorie de la renonciation. Mais cette renonciation devait-elle être constatée par acte public? Devait-elle être toujours précédée d'un avertissement donné par l'officier public? Devait-elle se faire en justice? ou la présence de deux témoins n'était-elle pas suffisante? Quels actes d'autre part constituaient une intercession? Autant de questions, et j'en omets (1), qui soulevaient chaque jour des difficultés, tranchées par les tribunaux dans des sens divers. L'intercession de la femme au profit de son mari donnait lieu aux mêmes difficultés. Cependant l'authentique *si qua mulier* fut observée beaucoup plus rigoureusement que le sénatusconsulte Velléien. La pratique refusait de donner effet aux renonciations de la femme, si elles n'étaient faites sous ser-

______

(1) Stobbe, *Handbuch des deutschen Privatrechts*, § 192 ; Windscheid, § 486, avec de nombreux renvois bibliographiques.

ment (1). Toutefois l'intercession était libre s'il existait entre les époux une communauté de biens (2).

Les lois édictées sur la matière à la fin du siècle dernier maintenaient encore la prohibition complète de l'intercession de la femme pour le mari.

Mais déjà le Code civil autrichien de 1811 validait de la façon la plus catégorique toute intercession de la femme. « Toute personne ayant la libre disposition de ses biens, dit l'article 1349, peut sans distinction de sexe s'obliger pour les dettes d'autrui ».

Aujourd'hui il règne encore dans les États de l'Empire allemand une diversité qui est en voie de disparaître. On peut classer les législations existantes en deux groupes : en premier lieu celles qui soumettent l'intercession de la femme à certaines formalités. Dans ce nombre il faut compter le Code civil saxon (art. 1650 à 1654) complété par le décret du 9 janvier 1865, § 17, la loi altenbourgeoise du 5 août 1849, la loi du 30 mars 1849 pour la principauté de Schwartzbourg-Rudolstadt. Les autres beaucoup plus nombreuses, assez récentes pour la plupart (elles remontent en général à une trentaine d'années), laissent toute liberté à la femme d'intercéder pour son mari, sous la réserve des conventions matrimoniales. Nous n'en donnons pas l'énumération fastidieuse : on la trouve dans l'Exposé des motifs du projet de Code civil allemand (3).

Toutes les restrictions à la faculté d'intercéder que les législations particulières peuvent édicter cessent d'ailleurs d'avoir effet en matière commerciale. C'est ce

(1) Vangerow, *op. cit.*, III, § 581.
(2) Girtanner, *die Bürgschaft*, § 30.
(3) Motive, IV, p. 115.

qu'a décidé le Code de commerce de l'Empire d'Allemagne de 1869 (art. 6) (1).

24. — Bientôt si l'on adopte le projet de Code civil, présenté au Reichstag en janvier 1896, la prohibition du sénatusconsulte Velléien et de l'authentique *si qua mulier* aura fait son temps en Allemagne. L'Exposé des motifs (2) rend compte des considérations qui ont déterminé les rédacteurs du projet à ne pas soumettre l'intercession de la femme à des restrictions spéciales. Généralement elles ne remplissent pas leur but, parce qu'on les élude. Quant à prohiber complètement l'intercession de la femme au profit de son mari, c'est contraire à la notion même du mariage. C'est aussi, ajoute l'exposé des motifs, contraire à l'esprit juridique allemand, qui tend à donner au mari des pouvoirs étendus sur les biens propres de la femme, sans même exiger le consentement de celle-ci, ou, si ce consentement est requis, sans édicter de dispositions spéciales le rendant plus difficile. On sait en effet que le régime matrimonial de droit commun dans les États qui se sont le plus inspirés des traditions germaniques et de l'ancien *mundium* est le régime sans communauté (3) d'après lequel le mari a l'administration et la jouissance des biens de la femme, mais n'en peut disposer sans son consentement. C'est celui que le projet de Code civil consacre comme régime de droit commun. Dans la conception qu'on s'en fait, la femme mariée ne devient pas incapable. Si les droits qu'elle avait sur ses biens avant son mariage se

____

(1) Cf. *Revue de Goldschmidt*, VIII, p. 537, XV, p. 530.

(2) IV, p. 116.

(3) Appelé par les auteurs allemands *Güterverbindung*, ou *Verwaltungsgemeinschaft*.

trouvent diminués, c'est à raison de ses conventions matrimoniales, dans la mesure où elles ont conféré des droits au mari. Les actes passés par elle sont valables mais ne sont opposables au mari que s'il les a autorisés (art. 1300 et 1301 du projet). L'autorisation maritale n'est requise que si la femme contracte un engagement concernant sa personne (art. 1277) (1) ou si elle veut faire le commerce (art. 7, C.).

On s'explique aisément dans ce système la liberté laissée à la femme d'intercéder pour son mari.

25. — *Suisse.* Dans les cantons suisses, qui presque tous se rattachent au droit allemand, en ce qui concerne le régime des biens entre époux (2) et la capacité de la femme, on trouve encore des restrictions à la faculté d'intercéder pour autrui. C'est le dernier vestige de l'incapacité du sexe et de la tutelle des femmes, qui a partout disparu depuis la loi fédérale de 1881 sur la capacité civile (3).

La prohibition complète de l'intercession n'existe plus guère (4).

Mais l'engagement de la femme dans l'intérêt de son mari a été soumis à des formalités protectrices dans plusieurs cantons.

(1) Cf. Bufnoir, *Bull. de la soc. lég. comp.*, 1890, p. 685. M. Bufnoir a résumé les règles générales des régimes matrimoniaux en Allemagne dans le même *Bulletin*, 1876, p. 163.

(2) Chaque canton a un régime matrimonial obligatoire. Le plus répandu est le régime sans communauté.

(3) On trouve dans l'ouvrage de M. Lardy (les législations civiles des cantons suisses en matière de tutelle, de régimes matrimoniaux quant aux biens et de successions) d'excellentes indications sur ces matières. Mais écrit, en 1877, il se trouve déjà un peu vieilli. V. Martin, *Etude de la loi fédérale sur la capacité civile.*

(4) V. cependant la loi du 29 avril 1877 pour le canton d'Argovie, *Ann. lég. étr.*, 1877, p. 618, et loi du 26 novembre 1880 pour le canton de Lucerne, *Ann. lég. étr.*, 1880, p. 486.

Assez souvent on donne à la femme l'assistance d'un tiers. C'était le régime en vigueur dans le canton de Bâle-Ville jusqu'à la loi du 16 octobre 1876 (1). Depuis la loi du 10 mars 1884 (art. 6 et 33) (2) une déclaration écrite suffit. La loi du 10 avril 1891 (3) pour les cantons de Bâle-Campagne contient une règle semblable.

L'assistance d'un tiers reste requise dans le canton de Lucerne (4) pour tout contrat passé avec le mari, autre qu'un cautionnement qui est formellement prohibé (Loi du 26 novembre 1880).

Dans le canton de Fribourg, le tribunal nomme un assistant à la femme (art. 63 C. civ.).

D'après le Code civil du canton de Zurich, « le mari est de droit le tuteur marital de sa femme. Il administre les biens de la femme et la représente vis-à-vis des tiers (art. 589) ». Pour faire avec le mari un contrat par lequel elle lui cède des droits ou assume envers lui des obligations, la femme a besoin de l'assistance et du consentement d'un tuteur extraordinaire (art. 600). D'autre part, elle ne peut jamais contracter de dettes personnelles, sans le consentement du mari et d'un tuteur extraordinaire (art. 599).

A Genève (5) la femme mariée qui veut s'obliger pour son mari ou dans l'intérêt de celui-ci doit demander au Procureur général de lui nommer deux conseillers qui, après avoir prêté serment et examiné l'opération proje-

(1) *Ann. lég. étr.*, 1876, p. 570.
(2) *Ibid.*, 1884, p. 585.
(3) *Ibid.*, 1891, p. 680.
(4) Loi 26 nov. 1880, *Ibid.*, 1880, p. 486.
(5) Loi 30 juillet 1819 modifiée par la loi du 18 août 1886 (*Ibid.*, 1886, p. 546).

tée, donnent ou refusent l'autorisation. En cas de refus, les époux peuvent se pourvoir devant le Tribunal civil.

SECTION VI. — ANCIEN DROIT FRANÇAIS.

26. — La femme franque, dans les premiers siècles qui suivirent l'invasion, était soumise au *mundium*, exercé par un pouvoir domestique. Si elle se mariait, ce *mundium* passait au mari.

La monarchie avait déjà remplacé le régime des tribus. La femme n'avait pas acquis une indépendance plus grande. Mais la tutelle, sous laquelle elle avait été maintenue, changea peu à peu de caractère : l'État exerça son contrôle pour l'organiser dans l'intérêt de la femme.

L'Empire fondé par Charlemagne croula entre les mains débiles de ses successeurs. La féodalité militaire remplaça la monarchie. La situation de la femme n'en fut pas améliorée. La femme noble, impuissante à remplir les charges qu'imposait la propriété féodale, dut d'abord être exclue de cette propriété. Lorsque l'usage la lui rendit accessible, ce qui arriva assez vite du jour où les fiefs furent devenus héréditaires, la femme titulaire d'un fief se trouva placée sous la tutelle féodale de son suzerain, qui acquérait sur elle des droits exorbitants. Cette tutelle ne survécut pas en France à la transformation de la féodalité militaire en féodalité civile.

Que devint l'incapacité velléienne à travers ces transformations de la capacité de la femme ?

Après la chute de l'Empire d'Occident, le Velléien continua à s'appliquer aux femmes gallo-romaines, en vertu du principe de la personnalité des lois. Sa disposition

fut inscrite dans les Codes barbares rédigés après l'invasion : « *In omni genere negotiorum et obligationum,*
dit le Bréviaire d'Alaric, *tam pro viris quam pro aliis
intercedere mulieres prohibentur* » (1). Et l'*interpretatio* qui accompagne cette *sententia* confirme cette doctrine. Ce qui semble bien prouver qu'elle était suivie
dans la pratique, si on admet, comme paraissent l'avoir
démontré Dernburg et Fitting, que les rédacteurs de la
loi Wisigothe ont emprunté l'*interpretatio* à des ouvrages en vogue dans les écoles de la Gaule (2). La même
doctrine se retrouve dans les *Petri exceptiones legum
romanarum,* exposé du droit romain vulgaire, dans
l'*Epitome Aegidii,* dans l'*Epitome Monachi,* et dans
l'*Epitome Galli,* qui est un ouvrage pratique rédigé au
IXe siècle, en suivant d'assez près l'*Interpretatio,* à laquelle il ajoute des dispositions nouvelles empruntées
au droit romain usuel, aux lois franques et au droit
allemand (3).

En se mariant la femme tombait sous le *mundium*
(plus tard la mainbournie) du mari. Le mari acquérait
un pouvoir sur la personne de la femme en même temps
que sur ses biens. Le pouvoir sur les biens ne résultait
pas des conventions matrimoniales, mais de la puissance maritale. La personnalité de la femme ne s'absorbait cependant pas dans celle du mari, comme en Angleterre. La femme agissait avec lui et sous son autorisation.
L'usage rendit ce concours indispensable pour l'aliéna-

____

(1) *Bréviaire d'Alaric,* éd. Hænel, p. 360.

(2) Tardif, *Histoire des sources du droit français. Origines romaines,*
p. 86.

(3) Sur ces divers ouvrages, voir Tardif. *Ibid.,* p. 137 et suiv., 218 et
suiv.

tion des biens communs (1). Il était même juridiquement nécessaire pour l'aliénation des propres de chaque époux : ceux de la femme parce qu'elle était propriétaire, ceux du mari parce qu'ils étaient frappés du douaire. Au Midi, où le régime dotal s'était conservé, la femme devait donner son consentement à l'aliénation du fonds dotal. Pour la garantie de ses intérêts, l'usage était de prendre des lettres de l'évêque ou du juge, dans lesquelles ils certifiaient que la femme avait fait son serment sans force et sans contrainte (2).

27. — La renaissance des études de droit romain en France à la fin du XIIe siècle, nous apporta la législation de Justinien.

Au Midi, ces études eurent pour résultat de donner au régime dotal une physionomie plus tranchée et mieux en harmonie avec les principes romains. Le mari ne fut plus le mainbour de sa femme : ses pouvoirs sur les biens de celle-ci se limitèrent à la dot (3). Il est vrai qu'à la différence du droit romain, la dotalité se présumait.

Le régime dotal fut complété par l'incapacité velléienne qui, sans avoir jamais entièrement disparu, avait subi une éclipse. Elle reçut d'ailleurs une portée très différente, selon les coutumes, les unes l'adoptant complètement, d'autres seulement en partie, en tant qu'elle s'appliquait à l'intercession pour le mari. Un très petit nombre l'écartaient complètement (4).

(1) Viollet, *Etablissements de Saint-Louis*, II, p. 268.

(2) Viollet, *Ibid.*, II, p. 319-322 ; IV, p. 198 et *Histoire du droit français*, p. 668 ; Beaumanoir, ch. 22, § 1 (éd. Beugnot, I, p. 303) ; Masuer (*Pratique*, XIV-22).

(3) Masuer, *Pratique*, IX, 11.

(4) C. de Montpellier de 1204 (art. 38), Coutume de Toulouse-ville (art. 68).

28. — Au Nord, l'incapacité velléienne s'introduisit aussi dans les coutumes. Comment l'expliquer ? Comment l'authentique *si qua mulier* notamment put-elle s'harmoniser avec le régime de communauté ? (1) On conçoit que sous un régime de séparation d'intérêts, la femme soit sauvegardée contre l'abus d'influence du mari. Mais lorsque tout est commun entre les époux, comment, sous prétexte de protection, prohiber l'engagement de la femme au profit du mari ?

Ce phénomène n'est peut-être pas aussi inexplicable qu'il paraît l'être. L'incapacité velléienne répondait assez bien à l'ancienne incapacité, qui avait longtemps frappé la femme germaine. L'idée de l'infériorité intellectuelle de la femme était courante. Il était de mode alors de médire des femmes (2). Les sentiments chevaleresques avaient reçu une atteinte profonde de la disparition de la féodalité. Le droit canonique les réprouvait (3). Rien d'étonnant dès lors à ce que les légistes aient accepté d'enthousiasme une législation qui confinait les femmes dans les soins du ménage (4), en les empêchant de se mêler à la vie juridique. « Cette loi, disait Jean Papon, en parlant du sénatusconsulte Velléien, est reçue partout et de toutes nations » (5). Tel fut d'ailleurs l'enthousiasme des juristes du temps pour le droit romain, qu'on qualifiait de *droit haineux* toute disposi-

---

(1) Cf. Gide, *op. cit.*, p. 395.

(2) Voir dans Laboulaye (*Recherches sur la condition de la femme*, p. 460) une citation du Songe du Verger, où sont énumérés neuf des nombreux défauts de la femme ; Cf. Bodin, *De la République*, VI, 5 ; Tiraqueau, *De leg. connub.*, gl. I, p. 1.

(3) Gide, *op. cit.*, p. 382.

(4) La femme doit garder l'hôtel et les enfants, dit l'article 313 de la Coutume de Bretagne.

(5) *Instr. du premier notaire*, l. III, t. I, p. 241.

tion qui « par le moyen de la coutume du pays est contraire au droit écrit » (1).

Enfin l'incapacité velléienne a pu paraître un utile
contrepoids aux pouvoirs du mari sur la communauté,
encore imprégnée du *mundium* germanique.

En effet à cette époque apparaît une évolution intéressante dans la notion de la communauté et de la puissance
maritale. La communauté n'est plus une conséquence du
mundium : elle devient un régime conventionnel destiné
à régler le sort des biens des époux et qu'ils peuvent
modifier. La théorie des récompenses se fait jour. Les
donations entre époux sont prohibées. — L'autorité maritale change aussi de caractère. De puissance domestique, elle se transforme en tutelle protectrice. Plus exactement les deux idées se maintiennent et entraînent des
conséquences contradictoires que le Code civil n'a pas
fait disparaître.

L'application du Velléien au régime de communauté
souleva pourtant des difficultés pratiques considérables.
La femme en acceptant la communauté ne se rendait-
elle pas non recevable à invoquer le bénéfice de l'authentique *si qua mulier* ? Ce fut l'opinion de Boutillier (2) et
de Charondas (3). Dumoulin (4) précisa la doctrine en
déliant la femme commune du cautionnement fourni au
mari à deux conditions, savoir : que l'obligation contractée n'eût pas tourné au profit de la communauté, ni

---

(1) Boutillier, *Somme rurale*, p. 3.
(2) *Somme rurale*, I, 97.
(3) *Réponses*, l. VIII, 14.
(4) *Traité des usures*, n° 162. Cf. Bacquet, *Traité des droits de justice*,
ch. 21, n°ˢ 108 et s.; Guy Coquille (C. de Nivernais sous l'art. 10 du titre
Des gens mariés).

au profit personnel de la femme, et que le créancier lorsqu'il versait les deniers en eût connu la destination.

29. — A l'époque de la réformation des coutumes le sénatusconsulte Velléien et l'authentique *si qua mulier* étaient presque partout en vigueur. Mais déjà depuis longtemps on cherchait à en éluder les dispositions par la pratique des renonciations.

Les glossateurs, se fondant sur divers textes des Pandectes, peut-être mal interprétés (1), avaient admis la doctrine d'après laquelle il était permis à la femme de renoncer au bénéfice du Velléien. A défaut de textes d'ailleurs on avait la maxime générale qui autorise toute personne à renoncer aux bénéfices introduits en sa faveur. Or, disait-on, le Velléien n'a d'autre but que la protection de la femme. Si elle croit utile de s'y soustraire, il faut le lui permettre. Le seul respect du mari ne peut faire annuler le contrat que la femme a passé, s'il n'a usé de menaces ou de violences. On ne distinguait pas, du reste, entre la renonciation au Velléien et la renonciation à l'authentique.

Cette doctrine souleva des contradictions. On faisait remarquer que la protection devenait ainsi illusoire. La femme renonce avec la même facilité qu'elle met à s'engager. *Si mulier possit renuntiare*, disait Jean Faber (2), *videtur quod frustra sunt ista senatusconsulta introducta, quia semper mulier renuntiabit.*

Cependant la pratique des renonciations l'emporta. La prohibition était parfois si gênante qu'on n'hésita

---

(1) Loi 32, § 4, Dig., XVI-1 ; nov. 94, ch. 2 ; nov. 118, ch. 5. Cf. *suprà*, p. 15, n. 3.

(2) *Lectura sup. Inst. ad* tit. IV-7. Cf. Duaren, *ad* Dig., XVI-1 (X-2, p. 156).

pas à s'en débarrasser. Dès le XIIIe siècle, nous trouvons des chartes qui en constatent l'usage (1). Le *chartularium insignis ecclesiæ cenomanensis*, appelé aussi *liber albus*, en contient une, intervenue le 15 avril 1277, dans l'hypothèse d'une vente faite par un mari. La femme appelée à donner son adhésion est considérée comme faisant une intercession. Mais son engagement est valable parce qu'elle a renoncé *auxilio senatusconsulti Velleiani, asserens se esse certioratam* (2).

Le droit canonique fournit d'ailleurs un moyen très énergique d'écarter les résistances. La renonciation faite, en prenant Dieu à témoin, devait être reconnue valable, sous peine de méconnaître la sainteté du serment. Déjà une décrétale d'Alexandre III avait expressément consacré la validité de pareilles renonciations.

30. — Une ordonnance de Philippe le Bel de 1304 vint en reconnaître en termes formels la validité, sans même les soumettre à la formalité du serment. Il imposait seulement aux tabellions, chargés de les constater, la mission d'exposer à la femme la portée de sa renonciation. « *Mulieribus volentibus renuntiare Velleiano vel legi Juliae fundi dotalis*, dit l'article 16, *in vulgari quod dicitur vel significatur per nomen exponent...* » (3). C'était imposer aux notaires une charge qu'ils se montrèrent souvent incapables de remplir. Froland raconte qu'il a vu « un contrat par lequel un notaire avait fait renoncer une femme au bénéfice accordé par l'empereur Velléien ». Il ne faut peut-être pas trop s'étonner de cette ignorance quand on voit Boutillier commettre une erreur plus gros-

(1) Cf. Pérard, *Recueil de pièces curieuses*, p. 527.
(2) P. 345 et 346.
(3) *Rec. général des anc. lois françaises d'Isambert* (II, p. 822).

sière encore : « le droict qu'on dit Velléian, nous explique-t-il, c'est le droit que l'empereur Velléian fit pour le droict des dames et demoiselles, qui les relève en leurs cas et en leurs causes et leur fait avoir droict de douaire (1) ».

La formalité de l'avis préalable donné par le notaire était inefficace. « Les renonciations, dit Pasquier (2), faites tumultueusement et à la vanvole par devant un notaire ou un tabellion, ne donnaient à la femme aucune garantie. Elle renonçait aussi facilement qu'elle se serait obligée ». Et Leschassier ajoutait (3) : « L'usage de cette renonciation contraire au droit, étant passé en style de notaire et ayant abrogé le Velléien, s'est changé en un piège tendu à la simplicité de ceux qui contractent avec les femmes quand, par malice ou ignorance, les notaires omettent cette clause. Car nous désirons cette renonciation pour la validité des obligations de la femme pour autrui, comme une solennité essentielle. Et encore qu'elle soit du tout vaine et sans aucun effet en l'esprit des femmes, si est-ce que les obligations où elle fait défaut sont déclarées nulles. N'est-ce point imposer loi aux paroles, non aux choses ? Ou ne vaudrait-il point mieux abroger cette formalité comme une mauvaise herbe qui doit être arrachée du champ de la justice ? »

31. — Ce vœu fut exaucé. Les protestations des notaires, souvent condamnés pour avoir omis ou mal rempli la mission qui leur était confiée (4), les critiques des juristes, frappés du désordre qui en résultait pour les

(1) *Op. cit.*, I-98.
(2) *Recherches sur la France*, L. IX, ch. 41.
(3) *De la renonciation au Velléien*, p. 40.
(4) V. de nombreux arrêts dans Louet et Brodeau (*Rec. de plusieurs arrêts notables du Parlement de Paris*, II, p. 844 et suiv.).

transactions, décidèrent Henri IV à rendre en 1606 un édit ordonnant « que dorénavant les notaires et tabellions généralement quelconques ne pourront es brevets, contrats, obligations et autres actes passés devant eux, insérer les renonciations auxdits droits, ni en faire mention... Demeureront néanmoins lesdites femmes bien et dûment obligées dans lesdites renonciations... ». Ainsi l'édit n'abrogeait pas le Velléien ni l'authentique *si qua mulier*. Il déclarait seulement que les notaires ne devraient plus insérer les clauses de renonciation dans leurs actes. Il ne devait donc pas s'appliquer dans le ressort des Parlements, où les renonciations n'étaient pas en usage.

Rendu en 1606, il fut enregistré par le Parlement de Paris en 1607. Le Parlement de Dijon l'enregistra aussi et appliqua sa disposition au pays de droit écrit de son ressort (1). Après la conquête de la Franche-Comté, un édit de 1703, enregistré par le Parlement de Besançon en 1704, consacra l'abrogation du Velléien dans cette province.

En Bretagne, la femme, longtemps restée en curatelle, avait été ensuite frappée par l'incapacité velléienne ; mais, à l'encontre du droit romain, elle pouvait s'obliger pour son mari (art. 326 de la très ancienne coutume, 216 de l'ancienne coutume et 197 de la coutume de 1580) (2). La doctrine de la renonciation au Velléien s'y était introduite. L'édit de 1606 ne fut pas enregistré. Les notaires continuèrent à insérer les renonciations : les abus qui avaient motivé l'abrogation du Velléien persistè-

---

(1) Revel, *Usages des pays de Bresse*, V^is *Des contrats des femmes mariées*.

(2) V. le comm. de D'Argentré.

rent. Les notaires obtinrent en 1683 d'être déchargés des responsabilités qu'ils avaient pu encourir précédemment, et l'édit fut enregistré (1).

L'édit de 1606 ne dérogeait, selon l'expression de nos anciens auteurs (2), qu'à la disposition du droit et non à celle des coutumes. Si donc les coutumes avaient inscrit dans leurs dispositions la prohibition de l'intercession, cette prohibition devait rester en vigueur. C'est ce qui arriva pour quelques provinces du ressort du Parlement de Paris, notamment l'Auvergne (ch. 18, art. 1) et la Marche (ch. 14, art. 97) (3) qui prohibaient l'intercession de la femme au profit du mari, ou de ceux à qui son mari pouvait succéder.

32. — D'autre part l'édit ne faisait aucune allusion à la loi *Julia*. La dot restait inaliénable dans les termes de cette loi, telle que l'avait modifiée Justinien en 530. Dans quelques pays dépendant du Parlement de Paris, où les inconvénients de l'inaliénabilité s'étaient surtout fait sentir, le Lyonnais, le Mâconnais, le Beaujolais, le Forez, on prétendit que l'édit de 1606 avait abrogé la loi Julia en même temps que le Velléien. Le Parlement de Paris se prononça en sens contraire (4). Mais en présence des doléances des commerçants, en présence surtout de celles du receveur général de Lyon qui se plaignait de ne pouvoir trouver de sous-fermiers solvables, si leurs femmes ne pouvaient s'engager pour eux sur les

---

(1) Hévin (*Œuvres*, II, p. 79).

(2) Bacquet, *loc. cit.* ; Bretonnier (*Quest. de droit*, V° *Femmes*) ; Henrys (*Œuvres*, L. IV, ch. 3, Q. 8).

(3) Sur cette coutume, V. Larombière, *Le régime dotal et la coutume de la Basse-Marche* (Ac. des sc. mor. et pol., t. 114, p. 396).

(4) Arrêts des 7 septembre 1654, 18 mai 1617, 13 juillet 1658 rapportés par Henrys (L. IV, ch. 3, Q. 8).

biens dotaux, Louis XIV abrogea la loi Julia, en 1664 dans l'étendue des provinces que nous venons de rappeler. Circonstance à remarquer : l'édit qui contient cette abrogation est rendu en interprétation de l'édit de 1606. C'est une manifestation apparente de la confusion qui s'était faite dans les esprits entre l'incapacité velléienne et l'inaliénabilité dotale. Aussi Lamoignon pouvait-il dire : « Les cautionnements faits par les femmes mariées sont nuls ès-lieux où les femmes ne peuvent hypothéquer ou aliéner leur dot ni s'y obliger (1) ».

33. — Après son abrogation par l'édit de 1606, le sénatusconsulte Velléien resta donc en vigueur dans les pays de droit écrit, où l'inaliénabilité dotale était la base du régime de droit commun. Et la renonciation au bénéfice qu'il conférait y resta généralement inefficace. Il était notamment observé dans le ressort des Parlements de Bordeaux, Toulouse, Pau, Grenoble, Aix. L'intercession des femmes resta cependant permise dans quelques localités de leur ressort, mais en vertu d'une coutume écrite particulière (2).

Parmi les coutumes qui s'attachèrent jusqu'à la fin au sénatusconsulte Velléien et à l'authentique *si qua mulier*, la coutume de Normandie mérite une mention spéciale par l'organisation qu'elle leur donna et qui rappelle le système introduit par Justinien dans ses novelles 61 et 134 (3). L'aliénation du fonds dotal était valable, mais la femme avait un recours contre le tiers acquéreur, si les biens du mari étaient insuffisants pour la

(1) *Arrêtés de Lamoignon*, IIIe partie, t. 23, art. 2.

(2) C'est ce qui arriva pour la ville de Toulouse, par application de l'article 68 de la coutume. V. l'édition de cette coutume par Tardif, p. 34. Cf. Despeisses (*Œuvres*, t. I, IIe partie, t. II, sect. 2, no 7).

(3) Basnage, *Comm. de la C. de Normandie*, art. 538 et suiv.

couvrir de ses reprises (art. 541). Quant aux obligations contractées par la femme dans l'intérêt du mari, elles étaient frappées par l'authentique *si qua mulier*. La femme ne pouvait jamais renoncer à l'authentique, pas plus qu'au stc. Velléien et la ratification des obligations contractées au mépris de leur prohibition était inefficace, qu'elle fût renouvelée avant ou après deux ans (1).

34. — L'observation du Velléien dans notre ancien droit avait fait naître un grand nombre de controverses, aujourd'hui dénuées d'intérêt.

Nous en signalons seulement deux.

La femme qui avait intercédé pouvait-elle opposer directement l'exception née à son profit, ou ne devait-elle pas se munir préalablement de lettres de rescision délivrées par la Chancellerie ? La question est abondamment discutée par Froland, qui déclare inutiles les lettres de rescision, l'intercession de la femme étant atteinte d'un vice radical (2).

On discuta aussi très longuement la question de savoir si le Velléien était un statut réel ou personnel. Tous les éléments de la discussion se trouvent encore dans Froland (3). Son opinion d'après laquelle le Velléien constituait un statut personnel était celle de la majorité des auteurs et de la jurisprudence des Parlements (4).

35. — La protection de la femme au moyen de l'incapacité velléienne avait donc perdu chaque jour du terrain dans notre ancien droit. Mais en même temps naissaient pour elle des garanties nouvelles.

(1) Froland, *Mémoire concernant le Velléien*, ch. X ; Basnage, *Des hypothèques*, IIe partie, ch. 2.
(2) *Op. cit.*, Ire partie, ch. X.
(3) *Op. cit.*, Ire partie, ch. 11 et IIe partie, ch. 3 et 4.
(4) *Contra* : Lebrun, *Communauté*, L. II, ch. 3, sect. 5, n°s 20 et suiv.

On lui permit d'abord de renoncer à la communauté et de restreindre sa participation aux dettes communes dans la mesure de l'émolument qu'elle en retirait. Mais longtemps elle fut exposée à voir la valeur de ses propres grossir l'actif commun, si le mari obtenait qu'elle consentît à leur aliénation. Ce qui faisait dire à Loyseau (1) que le mari ne saurait se lever trop matin pour vendre les immeubles de sa femme. C'était un danger. La théorie des récompenses, rendue nécessaire aussi par la prohibition des donations entre époux (2), vint y remédier. Mais la femme, qui s'engageait pour son mari, qui consentait à l'aliénation de ses biens, courait toujours le risque de voir le mari devenir insolvable. C'est à ce danger que vint parer l'hypothèque légale.

Tout contrat notarié emportait hypothèque générale. Chaque époux acquérait donc une hypothèque pour l'exécution des conventions matrimoniales. Mais l'influence du droit romain fit donner à la femme mariée sans contrat une hypothèque tacite sur les biens du mari. Et cette hypothèque garantissait non seulement la dot et son augment, mais encore le douaire, le remploi de ses propres aliénés et l'indemnité des dettes « où elle était entrée avec son mari ».

36. — Pour ces deux derniers chefs, elle était une garantie accordée par la loi contre l'abus possible de l'influence maritale. C'est bien le motif qu'en donnent les auteurs. « Comme la personne et les biens de la femme, dit Brodeau (3), sont sous la puissance du mari et qu'elle ne peut rien lui refuser à cause de son autorité,

---

(1) *Tr. des offices,* l. III, ch. 9, § 16.
(2) Ce second motif explique seul la récompense au profit du mari.
(3) Brodeau sur Louet, *op. cit.,* Lettre F, ch. 17, et Lettre R, ch. 30.

il est nécessaire de pourvoir par ce moyen à sa sûreté ».
Tant que l'intercession de la femme au profit du mari
fut prohibée et que la communauté put s'enrichir sans
récompense de l'aliénation des propres des époux, cette
garantie fut inutile. Elle devint nécessaire au contraire
du jour où les clauses de renonciation au Velléien se
généralisèrent, et où la communauté dut indemniser les
époux de l'enrichissement que lui avait procuré l'aliénation de leurs biens. C'est en effet à cette époque que nous
la voyons apparaître dans les commentaires des auteurs
sur les coutumes rédigées. Son existence n'est pas contestée. On discute seulement sur la date à lui donner.

Tous les auteurs étaient d'accord pour la faire remonter au jour du contrat de mariage, lorsqu'il en avait
été passé un. Et la raison en était que le droit à récompense résultant de la loi était censé faire partie des
conventions matrimoniales. On généralisait cette solution sans difficulté, pour le remploi, alors même qu'il n'y
avait pas de contrat. La loi, disait-on, supplée en faveur
des femmes au défaut de stipulation (1). Et une fois
entré dans cette voie, on étendait la même solution à
l'hypothèque garantissant l'indemnité des dettes et
obligations contractées par la femme en faveur du
mari (2). A défaut de contrat de mariage, c'était la date
de la bénédiction nuptiale qui fixait celle de l'hypothèque.

On ne dérogeait à la règle que si les époux étaient
séparés de biens. La femme qui aliénait un de ses propres ou contractait une obligation n'avait d'hypothèque

______

(1) A. Ferrière, *Nouvelle institution coutumière*, L. IV, t. 1, sect. 3,
ch. 3, art. 142.

(2) A. Ferrière, art. 143 ; Lamoignon, *Arrétés*, IIIe partie, t. 21, art. 63.

que du jour du contrat. C'est qu'en pareil cas la femme peut mieux échapper à l'autorité maritale. « Si elle s'oblige avec lui, dit Ferrière, on présume que c'est pour ses propres affaires et si elle a permis qu'il touchât les deniers pour lesquels elle s'est obligée, ce n'est qu'une action qu'elle a contre lui pour en être remboursée, comme si en effet elle les lui avait prêtés ».

La solution généralement donnée par les auteurs fut consacrée par l'édit de 1673 (art. 61 et 62), qui, malgré sa durée éphémère, vint lui donner un nouvel appui.

Il faut d'ailleurs observer que l'hypothèque de la femme, garantissant ces diverses créances, n'a pas un rang unique. La jurisprudence avait établi un ordre entre elles. Et voici quel était cet ordre. La créance de la femme pour la restitution de sa dot était colloquée la première. Le douaire venait ensuite ; après le douaire, les autres conventions de la femme et le remploi de ses propres aliénés. L'indemnité de la femme pour les dettes auxquelles elle s'était obligée tenait le dernier rang (1). Malgré le rang assigné à cette hypothèque, les créanciers du mari n'en avaient pas moins intérêt à obtenir l'engagement de la femme. Ils étaient en effet colloqués du jour du contrat de mariage « préférablement à ceux auxquels le mari seul s'était obligé pendant le mariage même avant de s'engager envers eux. La raison en était que le créancier, à qui la femme était obligée, exerçait les droits de celle-ci qui avait son hypothèque pour son indemnité, du jour du contrat de mariage » (2).

<hr>

(1) Ferrière, *l. cit.* ; Lamoignon, *Arrétés*, IIIᵉ partie, t. **21**, art. **66** ; Pothier, *Traité de l'hypothèque*, ch. II, sect. III.

(2) Ferrière (*l. cit.*, art. 145). Il cite un arrêt rendu en ce sens : *consultis classibus*, le 7 septembre 1677 ; Lamoignon (*l. cit.*, art. 72).

Dans les coutumes où la prohibition d'intercéder pour son mari existait encore, la question de l'hypothèque garantissant la créance d'indemnité de la femme ne se posait pas. Basnage en fait la remarque à propos de la coutume de Normandie (1).

La femme pouvait cependant aliéner des propres dont le prix profitait au mari. Si c'étaient des biens dotaux et qu'elle ne demandât pas la nullité de l'aliénation, elle avait hypothèque du jour du contrat de mariage. L'aliénation de ses paraphernaux ne lui donnait au contraire d'hypothèque que du jour de cette aliénation (2).

La femme se trouvait donc largement protégée. Et la protection résultant du Velléien ne jouait qu'un rôle secondaire.

37. — Confinée dans certaines provinces, liée à l'inaliénabilité dotale, l'incapacité velléienne vécut jusqu'au Code civil. Merlin cite un arrêt du tribunal de cassation du 2 messidor an IV qui en fait encore l'application (3). Cependant aucun des projets qui furent élaborés en vue de l'établissement de l'unité de législation ne le maintenait. Soumis aux Parlements, ces projets ne soulevèrent sur ce point aucune protestation. Ce qu'on demandait surtout au Midi, c'était la conservation de la dot, au moyen de l'inaliénabilité. Et cette inaliénabilité, on en trouvait le fondement dans la situation effacée de la femme dans le mariage. « La loi, disait le Tribunal d'appel de Rouen, place les femmes dans une position où leur consentement ne saurait être ni libre, ni éclairé ; il faut donc que cette loi, si elle veut être juste, les mette à

(1) Œuvres : *Traité de l'hypothèque,* p. 48.
(2) Merlin, *Rép.,* V° *Paraphernaux.*
(3) Merlin, *Rép.,* V° *Sénatusconsulte velléien.*

l'abri de tous les abus de ce consentement même ».

Au Tribunat, le sénatusconsulte Velléien trouva un seul défenseur dans la séance du 19 pluviôse an XII, le tribun Carion-Nisas (1).

Le Code civil fut voté sans qu'il en fût de nouveau question. A-t-il donc complètement disparu de notre législation ? Et si le Code a autorisé l'intercession de la femme au profit du mari, a-t-il songé à la protéger ? C'est à l'étude de ces questions que nous allons consacrer la IIe partie de notre travail.

(1) Fenet, XIII, p. 784.

DEUXIÈME PARTIE

DE L'INTERCESSION DE LA FEMME AU PROFIT DU MARI SOUS LE CODE CIVIL.

---

38. — L'étude que nous venons de faire du développement historique de la règle prohibitive des intercessions de la femme au profit du mari, et l'examen rapide de sa destinée dans les principales législations modernes nous ont mis en mesure d'étudier avec profit la manière dont le Code civil a réglé cette délicate matière.

Nous verrons d'abord s'il existe quelques règles prohibitives de l'intercession de la femme au profit du mari. Nous rechercherons ensuite sous quelle forme cette intercession se manifeste et quels effets elle produit.

Enfin, comme la faillite du mari clôture souvent des périodes de gêne, où l'intercession de la femme est particulièrement fréquente, nous examinerons l'influence de cette faillite sur les droits de la femme intercédante.

L'étude de ces questions fera l'objet de trois chapitres :

Chap. I. — *De la validité de cette intercession.*

Chap. II. — *Ses formes et ses effets.*

Chap. III. — *Influence de la faillite sur sa validité et sur ses effets.*

CHAPITRE PREMIER

DE LA VALIDITÉ DE L'INTERCESSION DE LA FEMME AU PROFIT DU MARI.

SECTION I. — Validité en général.

39. — « Toute personne, dit l'article 1123 du Code civil, peut contracter si elle n'en est pas déclarée incapable par la loi ». Aucun texte n'édicte l'incapacité de la femme de s'obliger pour autrui. Le Velléien a donc disparu de notre Code. Cependant, après son mariage, la femme a besoin de l'autorisation du mari pour accomplir la plupart des actes de la vie juridique (art 215 et suiv. C. civ.). Mais avec cette autorisation, elle est aussi capable que si elle n'était pas mariée. Va-t-on donc permettre au mari d'autoriser sa femme à s'engager pour lui ?

La question fut soulevée dans les premières années qui suivirent la promulgation du Code. Pour contester au mari le droit d'habiliter sa femme en pareille hypothèse, on n'invoquait pas l'authentique *si qua mulier*, dont aucun texte ne reproduit la disposition. Mais le législateur de 1804, ayant inscrit dans le Code une disposition qui impose à la femme l'obéissance à son mari, en même temps qu'elle fait du mari le protecteur de sa femme (1), il paraissait peu logique de déclarer valable

(1) Art. 213. — « Le mari doit protection à sa femme, la femme obéissance à son mari. »

et suffisante l'autorisation maritale. Si on y voit en effet une institution de protection pour la femme, et c'est bien le caractère qu'on doit lui attribuer, n'est-il pas inadmissible que le mari soit admis à protéger sa femme contre lui-même? N'est-ce pas violer cette règle de raison que formule l'adage latin : *Nemo potest esse auctor in rem suam*? Comme cependant aucune disposition ne défend à la femme d'intercéder pour son mari, on était amené à faire suppléer l'autorisation maritale par celle de justice. Et on fondait cette conclusion sur l'article 1427 qui, dans un cas où l'intérêt du mari, à ce que la femme s'engage pour lui, est particulièrement pressant, paraît décider que la femme ne peut s'obliger qu'après y avoir été autorisée par justice. Cet article est en effet conçu dans les termes suivants : « La femme ne peut s'obliger ni engager les biens de la communauté, même pour tirer son mari de prison......, qu'après y avoir été autorisée par justice ».

Cette argumentation ne parvint à convaincre qu'un petit nombre de juges (1). La plupart des Cours d'appel la repoussèrent (2). Et la Cour de cassation la condamna dès qu'elle se produisit devant elle (3). Elle ne résiste pas en effet à un examen attentif des textes de notre Code.

40. — La femme mariée est incapable sans doute. Mais cette incapacité peut toujours être levée par l'autorisation maritale. Les articles 215 et suivants ne font aucune distinction. Il est peut-être peu logique d'assi-

---

(1) C. de Turin, 17 décembre 1808, S. 10. II. 17 ; Toulouse, 21 mai 1810, S. c. n., 3. II. 272.

(2) C. de Gênes, 30 août 1811, S. 12. II. 181 ; C. de Colmar, 8 décembre 1812, S. 13. II. 224 ; C. de Bordeaux, 2 août 1813, S. 15. II. 106.

(3) Cass., 13 octobre 1812, S. 13. 1. 143.

gner au mari une mission de protection, lorsque cette protection doit précisément s'exercer contre lui-même. Placé entre son intérêt et son devoir, il sacrifiera peut-être celui-ci à celui-là. Mais le législateur n'a pas paru tenir compte de cette considération. Dans l'organisation de l'autorisation maritale, il ne s'est pas laissé guider par un principe unique. L'ancien droit lui fournissait deux doctrines souvent contradictoires. L'une plus nationale faisait de la puissance maritale le fondement de l'incapacité de la femme (1). L'autre, puisée dans les textes du droit romain, qui invoquent souvent la *fragilitas sexus*, la fondait sur l'intérêt de la femme. Le législateur du Code civil s'est inspiré à la fois des deux opinions, en même temps qu'il s'est attaché à donner au ménage l'unité dans la direction. Sans doute il paraît avoir donné la préférence à l'idée d'incapacité naturelle de la femme. C'est elle qui explique le droit qu'a la femme d'exercer l'action en nullité des contrats passés sans l'autorisation du mari (art. 1125), et la nécessité pour elle d'obtenir l'autorisation de justice, quand le mari est fou, mineur ou absent (art. 222 et 224). C'est en partant de cette idée que la jurisprudence déclare inefficace, à l'égard de la femme, la ratification par le mari de l'acte qu'elle a accompli sans autorisation (2). C'est encore cette idée qui a déterminé la jurisprudence à donner tout son développement à la règle de la spé-

---

(1) « Dans sa maison, pauvre homme roi est », disait Guy Coquille (C. de Nivernais, ch. 23, art. 1) ; *Sic* d'Argentré (C. de Bretagne, art. 223) ; Bouhier (*Obs. sur la C. du duché de Bourgogne*, ch. XIX, n°s 46, 51) ; Pothier (*De la puissance du mari*, n°s 3-5).

(2) Cass. req., 19 mars 1877, D. 78.II.174 ; Paris, 14 novembre 1887, D. 88. II.225.

cialité (1). Mais le législateur n'a pas été logique jusqu'au bout. Il a validé expressément plusieurs contrats entre époux (art. 1096, 1420, 1435, 1451, 1577, 1595), et il paraît bien n'avoir voulu défendre que ceux pour lesquels il a édicté une prohibition expresse, ou qui sont rendus impossibles par l'application des principes généraux, comme l'immutabilité des conventions matrimoniales, la défense de faire entre époux des donations irrévocables, ou la prohibition de la vente en dehors des cas prévus par l'article 1595 (2). Dès lors ne faut-il pas valider à plus forte raison les contrats passés par les époux avec les tiers et dans lesquels la femme s'engage au profit de son mari ? La présence du tiers fournit à la femme une garantie contre les manœuvres frauduleuses du mari, à moins qu'il n'y coopère lui-même. Mais on ne pouvait tenir compte de cette dernière considération, du moment que l'on n'admettait pas l'incapacité du sexe. Et telle est bien la solution donnée par le législateur dans le Code civil lui-même. L'article 1431 en décidant que : « la femme qui s'oblige solidairement avec son mari pour les affaires de la communauté ou du mari, n'est réputée, à l'égard de celui-ci, s'être obligée que comme caution », rend incontestable la validité du cautionnement fourni par la femme au mari. Des lois postérieures, celle du 25 mars 1855 (art. 9), celle du 13 février 1889, ont expressément consacré la validité de modes d'intercession particulièrement dangereux : la subrogation et la renonciation de la femme à son hypothèque légale.

(1) Cf. Cass., 27 juillet 1851, S. 51. I. 428 ; Cass., 25 novembre 1878, S. 79. I. 58 ; Cass., 4 juillet 1888, D. 89. I. 357.

(2) Demolombe, IV, n° 239 ; Guillouard, *Vente*, 1, n° 145 ; Hauriou, *Contrats à titre onéreux entre époux* ; Planiol, *R. crit.*, 1888, p. 273.

41. — La femme peut donc intercéder pour son mari. On ne l'a jamais contesté. Mais on a prétendu qu'il lui fallait l'autorisation de justice.

C'est déroger sans texte à l'article 217 qui confère au mari en première ligne le droit d'habiliter sa femme à contracter : c'est en effet seulement lorsqu'il refuse, ou s'il est dans l'impossibilité physique ou morale de donner son autorisation, que les articles 218 et suiv. permettent à la justice d'y suppléer. — On oppose cependant l'article 1427, dont la disposition principale est la suivante : « la femme ne peut s'obliger ni engager les biens de la communauté pour tirer son mari de prison... qu'après y avoir été autorisée par justice ». Mais tout le monde s'accorde à reconnaître la rédaction vicieuse de cet article. Pris à la lettre, il dérogerait aux principes que nous venons de rappeler et à l'article 1419 qui permet à la femme de s'obliger et d'obliger la communauté avec la seule autorisation du mari. L'article 1427 doit être lu, en se référant à la disposition de l'article 1426, d'après lequel « les actes faits par la femme sans le consentement du mari, et même avec l'autorisation de justice, n'engagent point les biens de la communauté ». Et il signifie alors que par exception la femme peut, avec la seule autorisation de justice, engager les biens de la communauté dans les deux cas particulièrement favorables qu'il prévoit, savoir : « pour tirer son mari de prison, et pour l'établissement de ses enfants, en cas d'absence du mari ».

Ainsi entendu, et on s'accorde depuis longtemps à lui donner ce sens, l'article 1427 ne s'oppose donc pas à ce que le mari autorise sa femme à s'engager avec lui et pour lui. La question de la validité de l'intercession de la femme au profit du mari ne soulève plus aucune contradiction (1).

La justice peut-elle aussi donner cette autorisation ? Rien ne s'y oppose. Elle n'interviendra d'ailleurs, que si le mari refuse ou s'il est dans l'impossibilité morale ou physique de donner cette autorisation. Le cas se présentera rarement dans la pratique. L'hypothèse que prévoit l'article 1427 est devenue à peu près sans application, depuis la loi du 22 juillet 1867 supprimant la contrainte par corps en matière civile et commerciale. Elle avait au contraire beaucoup préoccupé nos anciens auteurs. C'était un des cas où les coutumes, qui avaient maintenu l'incapacité velléienne, étaient à peu près d'accord pour en écarter l'application (2). Cependant sous l'empire de quelques-unes d'entre elles on avait restreint la dérogation aux cas où le mari était détenu pour cause non civile. Et la raison qu'on en donnait c'est que, sans cette limitation, il serait facile de priver la femme compatissante du bénéfice du Velléien en contraignant le mari par corps (3). On entourait d'ailleurs l'obligation de la femme de certaines garanties, telles que la délibération d'une assemblée de parents et l'autorisation du juge. — Aujourd'hui l'article 1427 ne recevra plus son application que dans les cas exceptionnels, où la contrainte par corps a été maintenue, et dans l'hypothèse plus rare encore de la captivité chez l'ennemi. Il est douteux qu'il puisse s'appliquer lorsqu'il s'agit pour

____

(1) Aubry et Rau, V, § 472, texte et n. 46 et 47; Demante, I, nᵒ 300 *bis*, X ; Demolombe, IV, nᵒ 234 ; Laurent, III, nᵒ 134.

(2) Bacquet, *Traité des droits de justice*, ch. 21, nᵒ 123 ; Coquille, C. du Nivernais : *Des gens mariés*, art. 10 ; Froland, *op. cit.*, 1ʳᵉ partie, ch. 16.

(3) Berault, Basnage, sur l'article 541 de la C. de Normandie.

la femme de fournir le cautionnement qui permettra au mari d'obtenir sa liberté provisoire sous caution (art. 117 et s., I. C.). — Encore ne s'applique-t-il que si le mari lui-même refuse de s'engager ou d'aliéner. Il le peut évidemment. La contrainte par corps dont on le menace l'y décidera le plus souvent. Ce n'est que s'il s'obstine à se laisser emprisonner, que la femme pourra user du droit que lui donne l'article 1427.

Dans ces mêmes hypothèses la femme mariée sous le régime dotal est autorisée à aliéner ses immeubles dotaux (art. 1558). Mais dans ce cas, l'autorisation de justice est indispensable. Cette autorisation pourrait au contraire émaner du mari, sous tout autre régime : l'article 1427 ne dit pas le contraire (1).

En pratique donc l'autorisation requise pour la validité de l'engagement de la femme sera toujours donnée par le mari conformément au droit commun. Même dans ce cas il reste tenu d'une mission de protection. Aussi l'autorisation qu'il donne doit-elle être spéciale (2).

42. — Les engagements de la femme au profit du mari deviennent chaque jour plus fréquents, avec les besoins du crédit. Cela ne va pas sans quelque danger pour la femme. Peu mêlée aux affaires, elle se laisse souvent illusionner sur la portée du consentement qu'on lui demande. Au lieu d'un concours éclairé, elle n'apporte que sa signature. Si le mari a sur elle l'influence que lui assurent son sexe et l'habitude des affaires, elle cède presque toujours. Il lui montre sa situation compromise, les créanciers menaçants ; il lui fait voir les heureux effets

____

(1) Colmet de Santerre, VI, n° 70 *bis*, ii.

(2) Metz, 31 janv. 1850, S. 52. II. 399. Cf. Cass., 12 mars 1883, S. 85. I. 495.

que produira son intervention. Elle s'engage. Et quand elle a ainsi cédé aux sollicitations du mari, rien n'est changé. Il y a seulement une dette de plus qui grève le patrimoine du mari et compromet celui de la femme. — Existe-t-il dans la loi un remède à ce danger ?

La femme autorisée étant aussi capable de contracter que la femme non mariée, l'obligation qu'elle assume, en intercédant pour son mari, est valable et sera exécutoire contre elle, si elle ne peut invoquer contre son engagement un moyen de nullité tiré du droit commun. Ce moyen, elle ne le trouvera que dans un vice du consentement. L'erreur, la violence ou le dol vicient les contrats. La femme qui pourra en prouver l'existence se soustraira à son obligation. Mais le cas se présentera rarement.

L'erreur d'abord, celle que le Code exige pour la nullité de la convention (art. 1110), ne se rencontrera presque jamais.

Le dol sera moins rare. Mais il n'est une cause de nullité que s'il émane de la partie envers qui l'on s'oblige (art. 1116). Or, ici, l'auteur du dol sera rarement le tiers. Ce sera plus souvent le mari. La femme n'a dès lors qu'un recours en dommages-intérêts contre lui. Elle n'en a pas besoin en présence de l'article 1431 (Cf. *infrà*).

Reste la violence, qui, elle, agit *in rem*. Quel qu'en soit l'auteur, celui qui s'engage, sous l'empire d'une violence exercée sur lui, peut obtenir la nullité des obligations qu'il a contractées. Mais bien rarement les procédés d'intimidation employés par le mari permettront à la femme de prétendre, que la violence dont il a usé a pu « lui inspirer la crainte d'exposer sa personne ou sa fortune à un mal considérable et présent » : ce qu'elle devrait prouver cependant pour être admise à invoquer la violence comme moyen de nullité de son contrat (art. 1112). Le plus souvent le mari aura usé de la seule influence que lui donne sa qualité de mari. La femme aura contracté sous l'empire d'une sorte de crainte révérentielle. Or cette crainte inspirée par l'autorité maritale ne doit, pas plus que celle qui résulte de la puissance paternelle, être considérée comme suffisante pour entraîner la nullité du contrat. Ce que dit l'article 1114 de la crainte révérentielle, inspirée par les ascendants, doit s'appliquer, disent MM. Aubry et Rau (1), « à toutes les situations dans lesquelles une personne doit respect et soumission à une autre ».

Notre ancienne jurisprudence se montrait plus facile pour accueillir la demande d'une femme prétendant ne pas avoir librement contracté. Il était facile de faire tomber le contrat, dit Henrys, « en vérifiant une espèce de contrainte. Cela est assez commun, et il suffit de prouver qu'avant le contrat on a vu pleurer la femme, ou qu'on lui a vu donner un soufflet, pour inférer de là qu'elle a été comme forcée. Deux ou trois domestiques et quelques voisins peuvent porter témoignage ». Et il ajoute : « même le mari et la femme peuvent se servir de ce moyen à mauvais dessein et par une prétention frauduleuse » (2).

43. — En règle générale, la femme peut donc s'engager pour son mari, avec la seule autorisation de celui-ci. Abstraction faite des garanties que la loi lui donne,

____

(1) IV, § 343 *bis*, n. 17.
(2) *Œuvres*, L. IV, question 141.

et sur lesquelles nous aurons à revenir, elle est exposée
à subir l'influence du mari, qui pourra abuser de son autorité, pour l'amener à consentir des engagements dont
il profitera, et qui pourront compromettre la fortune dont
elle a la disposition. Ce que la loi n'a pas fait, la libre
convention des parties ne peut-elle pas le faire ? Le contrat de mariage, cette charte de la société conjugale,
comme l'appelle Troplong, ne peut-il pas organiser au
profit de la femme un système de protection, qui lui
permette de se soustraire aux abus d'influence auxquels
elle est soumise ? C'est à l'examen de cette question que
nous allons consacrer la section qui va suivre.

SECTION II.— MODIFICATIONS RÉSULTANT
DU CONTRAT DE MARIAGE.

44. — La communauté des meubles et acquêts est le
régime légal des biens entre époux. Mais il leur est
permis d'établir une séparation d'intérêts, mettant les
biens de chacun d'eux à l'abri des actes accomplis par
son conjoint. Le Code autorise même la femme à stipu-
ler l'inaliénabilité de ses biens, et à les soustraire ainsi
aux engagements qu'elle contractera pendant le mariage.

Parti de la loi Julia qui défendait au mari, propriétaire de la dot, d'aliéner les immeubles qui en faisaient
partie, sans le consentement de la femme, le régime
dotal est devenu la prohibition pour la femme (1) d'a-

____

(1) La question de savoir si l'aliénation par le mari seul, en dehors du
cas où il agit *procuratorio nomine*, est soumise à l'article 1560 ou à l'article 1599 est discutée par tous les auteurs sous l'article 1560.

liéner ses immeubles dotaux ou plus exactement dans la pratique actuelle, de contracter des obligations exécutoires sur la dot. Sous le nom d'inaliénabilité, c'est au fond une véritable incapacité conventionnelle que la loi permet aux époux de créer. Le législateur autorise la femme ou sa famille (1) à créer cette incapacité pour se protéger contre des entraînements auxquels elle craint de ne pouvoir résister. Le régime dotal se trouve ainsi organisé, le plus souvent, comme un moyen préventif contre les engagements que la femme pourrait se laisser arracher. On voit ainsi apparaître l'influence persistante de l'incapacité velléienne, principalement dans sa disposition qui vise l'intercession de la femme au profit du mari. En se mariant, la femme risque de se donner un maître. Si elle craint que son influence ne triomphe d'elle et ne lui fasse contracter des engagements dont elle ne retirera aucun profit, elle se prémunira contre ce danger en se rendant incapable d'obliger les biens dotaux par ses actes volontaires licites (2). Dépassant en effet la portée des conséquences qui se déduirait logiquement de la base que nous assignons à l'inaliéna-

____

(1) En pratique, c'est la famille qui choisit le régime matrimonial de la future épouse, mariée à un âge, où elle est peu apte à discerner les avantages de tel ou tel régime. Il en résulte parfois qu'une femme se trouve soumise à des entraves, qui pourront n'être que gênantes. Elle voudrait contracter ; elle ne le pourra pas. Il lui est possible sans doute de ne pas se prévaloir de la dotalité ; mais comme il lui est défendu d'y renoncer valablement, les tiers n'auront pas confiance.

En disant que la famille stipule le régime dotal, nous ne voulons pas prétendre qu'elle agit à la place de la future épouse. Elle la fait agir. Le consentement des deux futurs époux au contrat de mariage est nécessaire pour l'existence du contrat. L'usage de nos anciennes provinces de droit écrit, validant les contrats de mariage faits par les parents des futurs époux, n'a pu être maintenu sous l'empire du Code.

(2) Elle est seulement tenue *de in rem verso*.

bilité dotale, la loi rend la femme incapable d'engager sa dot par les contrats qu'elle passe dans son propre intérêt, aussi bien que dans l'intérêt du mari. Aussi a-t-on pu donner pour fondement à l'inaliénabilité la nécessité de conserver à la famille un patrimoine, qui échappe à l'action des créanciers, et soit une réserve intangible pour les époux et leurs enfants. Mais si telle était la justification du régime dotal, on ne concevrait pas que la loi n'en eût pas généralisé l'application. Ce serait le foyer de famille insaisissable qu'elle aurait dû créer. En le basant au contraire sur l'idée de protection de la femme, on s'explique très bien que le législateur jugeant fâcheuses les restrictions qu'apporte à la liberté des transactions l'adoption du régime dotal, en ait subordonné l'application à une manifestation formelle de volonté (art. 1392). Celles-là seules parmi les femmes, qui craindront de se ruiner pour leurs maris, se soumettront aux entraves qu'il apporte à la gestion et à la prospérité du patrimoine conjugal. En fait n'est-ce pas ce qui se produit? Le régime dotal est un régime de défiance, stipulé par les pères de famille ou les femmes qui n'ont dans le futur époux qu'une confiance limitée, ou qui se prémunissent contre l'éventualité d'une mauvaise gestion. Il a ainsi changé de caractère dans son évolution historique. Considéré comme la sauvegarde de la conservation de la dot, il était imposé aux époux par le droit romain parce qu'il importait à l'intérêt de l'État, que les femmes conservent leur dot intacte, pour trouver un nouvel époux, en cas de dissolution du premier mariage (1). Les pays de droit écrit l'adoptèrent

(1) Loi 2, Dig., XXIII, 3.

comme régime de droit commun et les anciens auteurs
lui assignaient pour base l'idée de protection de la
femme (1). En passant dans le Code civil, il ne s'y est
maintenu que comme un moyen de protection pour la
femme, qui se juge trop faible ou trop inexpérimentée, ou
que sa famille juge telle (2). C'est bien l'explication
qu'en donnait Berlier, lorsqu'il disait : « L'inaliénabilité née du désir de protéger la femme contre sa propre
faiblesse et contre l'influence de son mari est l'un des
points fondamentaux du système » (3). Et le tribun Si-
méon exprimait la même idée en présentant au Corps
législatif le vœu du Tribunat. « L'inaliénabilité dotale,
disait-il, a l'avantage d'empêcher..... qu'une femme faible ne donne à des emprunts et à des ventes son consentement, que l'autorité maritale obtient presque toujours,
même des femmes qui ont un caractère et un courage
au-dessus du commun » (4).

45. — La base que nous donnons au régime dotal et
les termes mêmes dont nous nous sommes servi, indi-
quent assez le parti que nous prenons sur une question
qui divise encore la doctrine et qu'on peut formuler
ainsi : le régime dotal entraîne-t-il seulement comme
conséquence l'indisponibilité des biens dotaux ? ou n'a-
t-il pas pour effet de rendre la femme incapable d'aliéner
et d'engager sa dot (5) ?

(1) D'Olive, *Œuvres*, l. III, ch. 29, p. 323 ; Roussilhe, *De la dot*,
ch. 15, sect. 2, n° 99.

(2) « L'inaliénabilité dotale, dit Laurent, a pour but de garantir la
femme contre la violence morale du mari » (XXIII, n° 557).

(3) Fenet, XIII, p. 521.

(4) Fenet, XIII, p. 827.

(5) Dans le sens de la première opinion voir : Demolombe (*R. de législ.*,
II, p. 282); Troplong (*Contrat de mariage*, IV, n°ˢ 5312 et suiv.); Mongin
(*R. crit.*, 1886, p. 92 et 170). Dans le sens de la deuxième opinion, qui est

La doctrine de l'incapacité nous paraît être la seule qui explique d'une façon satisfaisante les conséquences que la loi attache à l'adoption du régime dotal. Ainsi dans le système de l'indisponibilité le droit d'exécution sur les biens dotaux suspendu pendant le mariage devrait naître logiquement (1), après que le mariage a cessé. Où serait alors la protection de la femme ? La doctrine de l'incapacité explique au contraire que toute obligation, née pendant le mariage d'un contrat de la femme, ne puisse s'exécuter sur ses biens dotaux, même après la dissolution du mariage (2). — Elle explique aussi que les créanciers antérieurs au mariage puissent poursuivre l'exécution de leur créance sur les biens dotaux (arg. art. 1558, al. 3), puisque la femme s'est engagée valablement à une époque où elle était capable : dans le système de l'indisponibilité, on devrait repousser cette prétention. — C'est encore la doctrine de l'incapacité qui peut seule rendre compte de la règle généralement admise, d'après laquelle les seules obligations de la femme qui ne puissent pas grever ses biens dotaux sont celles qui naissent d'un acte impliquant la volonté de s'obliger (3).

aujourd'hui généralement suivie, De Loynes (*R. crit.*, 1882, p.541) ; Gide (*op. cit.*, p. 449) ; Guillouard (*Contrat de mariage*, IV, n° 1836) ; Labbé (*R. crit.*, 1856, p. 1) ; Lyon-Caen (S. 76. II. 65); Valette (*Mélanges*, I, p. 514).

(1) Les partisans du système n'acceptent pas la conséquence.

(2) Et cela sans distinguer, comme on l'avait autrefois proposé, selon que le mariage se dissout par la mort de la femme ou du mari, ou selon que les héritiers acceptent la succession purement et simplement ou sous bénéfice d'inventaire. Ces distinctions doivent être rejetées parce que l'obligation a été contractée par la femme en état d'incapacité. Cf. Labbé (*R. crit.*, 1856, p. 1 et suiv.) ; Aubry et Rau, V, § 538-2° ; Colmet de Santerre, VI, n° 226 *bis*, VI.

(3) De Loynes (*l. cit.*) ; Guillouard, IV, n° 2096. — Sur la responsabilité de la femme dotale à raison de ses délits ou quasi-délits voir Deschamps.

Elle seule explique que la femme puisse ratifier l'obligation contractée en temps d'incapacité, conformément à l'article 1304. — Enfin la nullité relative de l'aliénation de l'immeuble dotal (art. 1560) ne se comprend bien que dans la doctrine de l'incapacité. C'est bien elle que paraît avoir consacrée la loi du 10 juillet 1850 qui dans le paragraphe ajouté à l'article 1391 dispose : « si l'acte de célébration du mariage porte que les époux se sont mariés sans contrat, la femme sera réputée capable de s'engager dans les termes du droit commun... » Par cette disposition, on a voulu écarter l'incapacité qui résulterait pour la femme de la stipulation du régime dotal dans un contrat de mariage tenu secret. Le rapporteur de la loi, M. Valette, s'en est formellement expliqué.

La femme se rend donc incapable de contracter en adoptant le régime dotal. Mais l'incapacité qui en résulte se trouve limitée dans son étendue. On l'a exactement qualifiée d'*incapacité réelle*. La femme est incapable de participer à l'aliénation de ses biens dotaux, et de les engager par les contrats qu'elle passe. Mais ces contrats sont valables en eux-mêmes. Cette doctrine a été précisée dès le début par la Cour de cassation, qui dans un arrêt du 17 août 1813 s'exprimait ainsi (1) : « Le

Le dol et la faute des incapables, avec les renvois. *Adde* Cass., 29 mars 1893, S. 93. 1.288.

Sur la responsabilité de la femme dotale à raison de ses quasi-contrats, Cass., 10 juin 1835, S. 85. I. 395. Guillouard, IV, n° 1907. Cass., 3 mai 1893, *Pand. fr.*, 95. I. 356.

M. De Loynes a exactement résumé le système de la loi en disant que, d'après le droit commun, la femme mariée est incapable de s'obliger sans l'autorisation de son mari par un fait volontaire et licite, mais elle est obligée quand l'obligation naît sans son fait, ou de son fait illicite. Le régime dotal déroge bien à la règle, mais laisse subsister l'exception.

(1) S. 14, I. 444. *Sic* Cass., 12 novembre 1879, D. 80. I. 49 ; Cass., 24 mars 1885, D. 85. I. 254.

cautionnement contracté par la femme dotale n'est pas
nul en lui-même. Il ne peut être exécuté sur sa personne
ni sur sa dot, mais il peut recevoir son exécution sur
ses autres biens ». La femme dotale, qui a des paraphernaux, peut donc intercéder pour son mari. Et les obligations qu'elle contracte s'exécutent sur ses paraphernaux (1), et sur tous les biens qu'elle recueille après la
dissolution du mariage, se trouvât-on en présence d'une
clause de dotalité générale englobant les biens présents
et à venir (2).

46. — Quel est le résultat de la stipulation du régime dotal lorsque la femme n'a pas d'immeubles ? Pour-
ra-t-elle engager sa dot mobilière par des contrats passés avec les créanciers du mari? La jurisprudence ne le
lui permet pas. La dot mobilière, si elle n'est pas inaliénable, est insaisissable. La femme ne peut la compromettre par les conventions qu'elle passe. Peut-être
les arguments juridiques, sur lesquels la jurisprudence
appuie son opinion, manquent-ils de force. Mais avec les
développements qu'a pris la fortune mobilière dans le
cours de ce siècle, il était impossible qu'on ne cherchât
pas à lui étendre, dans la mesure du possible, la protection dont jouissent les immeubles. Aujourd'hui sur le
terrain pratique la question ne se discute plus. La jurisprudence a échafaudé tout un système d'inaliénabilité

____

(1) Les paraphernaux ne sont pas intégralement le gage des créanciers.
S'ils contiennent des valeurs dotales, la femme est admise à les prélever
avant les créanciers envers qui elle s'est engagée. Sur le régime de ces
biens, Regnault, *De la représentation des valeurs dotales par les paraphernaux.*

(2) Sur ce dernier point un moment contesté, cf. Demolombe, *R. de
légist.,* II, p. 281 et S. 35. II. 564 ; Aubry et Rau, III, § 534, texte et n. 9.

de la dot mobilière, qui vaut à l'égal de la loi (1). Il n'est
pas toujours à l'abri de la critique. — Le mari, administrateur et usufruitier de la dot, peut disposer des meubles :
il peut donc, s'il n'a pas d'immeubles, ruiner sa femme
qui restera sans protection. Mais la femme créancière
de la restitution de la dot, a contre lui une créance inaliénable, protégée par une hypothèque légale, à laquelle
il lui est impossible de renoncer. C'est en cela que consiste l'inaliénabilité de la dot mobilière. Elle rend la
femme incapable de compromettre la créance dotale,
soit par une aliénation directe, soit par une renonciation à
l'hypothèque légale qui en garantit la restitution (2).

Cette situation est maintenue même après la séparation de biens (3). Et de ce moment c'est une véritable inaliénabilité qui la frappe, car le mari n'étant plus usufruitier ne peut plus aliéner (4). La jurisprudence a été très
vivement critiquée sur ce point (5). Peut-être n'est-il pas
impossible de l'expliquer. D'abord elle est logique, puisque l'inaliénabilité repose sur l'incapacité que la séparation de biens ne fait pas cesser. D'autre part, cette séparation dénote l'embarras dans les affaires du mari,
souvent l'insolvabilité. S'il avait été permis à la femme
séparée de disposer de sa dot au profit de son mari,

(1) Cf. Lescœur, *Origine de la jurisp. sur l'inaliénabilité de la dot
mobilière* (*R. crit.*, 1875, p. 380 et suiv.).

(2) Cass., 3 décembre 1883, D. 84. I. 334, S. 84. I. 232. Jurispr. constante.

(3) La séparation de corps qui, depuis la loi du 6 février 1893 (nouvel
art. 341), soustrait la femme à la nécessité de l'autorisation maritale, fait-elle
disparaître aussi l'incapacité dotale ? La négative est généralement admise. Bufnoir, *Ann. lég. fr.*, 1893, p. 50. Cf. Cabouat, *Lois nouvelles*,
1893, p. 330. Margat (Thèse, p. 88) Thienot, *R. crit.*, 1893, p. 372. Critique de cette solution par Basset (thèse, p. 253).

(4) Cass., 3 fév. 1879, S. 79. I. 353. V. Guillouard, IV, nᵒ 2105, renvois·

(5) Guillouard, IV, nᵒ 2105 ; Laurent, XXIII, nᵒ 556.

n'eût-il pas été à craindre que le régime dotal ne lui
donnât qu'une protection illusoire ? Ce n'est pas contre
le mari solvable qu'il faut surtout protéger la femme ;
c'est contre celui qui ayant mal géré ses affaires voudrait
obtenir de la femme qu'elle s'engageât pour lui. — Observons d'ailleurs que la clause d'aliénation, moyennant
remploi, qui figure dans beaucoup de contrats de mariage, et la règle de l'article 2279 atténuent considérablement la portée de l'inaliénabilité.

47. — La dot mobilière est donc avant tout insaisissable. En pratique, la dot immobilière n'est pas soumise
à un régime bien différent. Le régime dotal du Code
civil avec inaliénabilité des immeubles est à peu près
inconnu. Ce qu'on trouve au contraire dans la plupart
des contrats de mariage, c'est le régime dotal avec clause
de remploi. L'immeuble de la femme peut être aliéné ;
mais le prix d'aliénation est dotal et doit être employé
sous la responsabilité du tiers à l'acquisition d'un nouvel immeuble qui prend la qualité de celui qui a été
aliéné.

Ce qui constitue l'essence du régime dotal, tel que le
connaît la pratique notariale actuelle (1), c'est l'insaisissabilité des immeubles dotaux et des créances dotales
à l'encontre des créanciers, envers qui la femme s'est engagée pendant le mariage.

48. — La stipulation du régime dotal peut froisser la
susceptibilité du mari, parce que dans l'opinion il est
un régime de défiance à son égard. La pratique s'est in-
géniée à dissimuler l'inaliénabilité ou l'insaisissabilité

____

(1) Voir la formule proposée par la Chambre des notaires de Paris
dans le formulaire de M. Defrenois, III, p. 117.

sous le voile de stipulations qui arrivent par un détour
au résultat cherché: empêcher que la femme, circonvenue par les manœuvres du mari, ne se lie par des obligations qui diminueraient son patrimoine.

La possibilité de combiner les régimes n'est plus contestée aujourd'hui. Et les clauses de dotalité peuvent
être insérées dans un contrat de mariage, contenant stipulation du régime de communauté ou d'exclusion de
communauté (1). Le Code civil en donne lui-même un
exemple dans l'article 1581.

Mais ces clauses de précaution peuvent-elles être insérées dans un contrat de mariage, qui laisse à la femme
l'administration de ses biens ? Les biens, que la femme
garde entre ses mains, peuvent-ils être frappés d'inaliénabilité ?

D'éminents auteurs (2) l'ont nié. Ils ont invoqué surtout la tradition qui a donné naissance à notre régime
dotal. A Rome les biens dotaux seuls étaient frappés
d'inaliénabilité. N'y a-t-il pas, d'ailleurs, incompatibilité
entre la liberté pour la femme d'administrer ses biens et
la prohibition de les aliéner ?

Malgré l'autorité qui s'attache à l'opinion de ces jurisconsultes, nous ne pouvons accepter leur doctrine.
Nous remarquons d'abord que cette incompatibilité n'est
pas si grande qu'on le dit, puisque la loi nous donne

(1) Cass., 8 juin 1858 (Ch. r.), D. 58. I. 233, S. 58. I. 147 ; Cass., 3 fé-
vrier 1879, S. 79. I. 353 ; Cass., 13 novembre 1895, D. 96. I. 14. — *Sic* :
Aubry et Rau, V, § 507, n° 7 ; Guillouard, *Contrat de mariage*, I, n° 88 ;
Labbé, *R. crit.*, 1881, p. 325 ; Laurent, XXI, n° 127. — *Contrà* : Tro-
plong, *Contrat de mariage*, I, n° 79 ; Marcadé, sur l'article 1497, n° 3 et
R. crit., I, p. 126, II, p. 592.

(2) Labbé, *R. crit.*, p. 442 ; Lyon-Caen, S. 76. II. 66 et S. 86. I. 385 ;
Valette, *Mélanges*, I, p. 513.

elle-même un exemple de l'union de l'administration de
la femme et de l'inaliénabilité des biens qu'elle administre. C'est le cas de la séparation de biens judiciaire,
prononcée entre époux mariés sous le régime dotal.
Pourquoi ne pas permettre d'établir immédiatement par
contrat de mariage cette situation, qui n'offre apparem-
ment rien de contraire à l'ordre public, et ne viole par
conséquent pas l'article 1387, aux termes duquel les
conventions contraires à l'ordre public et aux bonnes
mœurs sont seules prohibées (1)? Ajoutons surtout que
la femme séparée de biens reste soumise à l'influence du
mari. L'article 1450, dont nous aurons plus loin à ana-
lyser les dispositions, porte les traces de la préoccupa-
tion du législateur de mettre la femme, même séparée de
biens, à l'abri de cette influence. Si en se mariant elle veut
se prémunir contre elle-même, tout en gardant l'administration de ses biens, où est le danger? Le péril contre
lequel la femme se précautionne en stipulant l'inaliénabilité des biens confiés à l'administration du mari ne ré-
side que partiellement dans ce pouvoir d'administration.
Ce qui est dangereux, ce sont les obsessions du mari,
auxquelles la femme se sent incapable de résister et qui
peuvent l'amener à consentir soit une aliénation dont le
mari profitera, soit une obligation en sa faveur. Or en quoi
les abus d'influence de cette nature sont-ils écartés par
la clause qui réserve à la femme l'administration de ses
biens? On dira peut-être qu'elle se sent plus apte aux
affaires. Mais il faut croire qu'elle-même se défie de sa
faiblesse, puisqu'elle prend des mesures préventives.

C'est en ce sens que s'est décidée la Cour de cassation

____

(1) Challamel, *R. crit.*, 1888, p. 1 ; Guillouard, IV, n° 1844.

par arrêt du 17 février 1886 (1). Poussant à bout le système adopté, elle a décidé que les biens ainsi déclarés inaliénables étaient aussi imprescriptibles, alors pourtant que la séparation de biens fait cesser l'imprescriptibilité en laissant subsister l'inaliénabilité (art. 1561).

S'il s'agissait de meubles, ils seraient également inaliénables, sous la réserve de l'article 2279 et des clauses d'aliénation moyennant remploi, qui figurent dans la plupart des contrats de mariage.

Remarquons qu'en pratique la femme qui s'est réservé l'administration de ses biens l'abandonnera fréquemment au mari, aussitôt après le mariage. La réserve n'en est pas moins utile, car elle fait toujours craindre au mari que la femme ne reprenne l'exercice de ses droits. Elle est un contre-poids au pouvoir illimité du mari sur les meubles, qui ne pourrait cesser autrement que par une séparation de biens.

49. — L'inaliénabilité absolue, rare sous le régime dotal pur et simple, n'est pas plus fréquente en dehors de lui. La clause de dotalité se combine généralement avec une clause d'emploi ou de remploi obligatoire.

Troplong (2), qui se montra toujours l'adversaire décidé des clauses de dotalité, prétendait que l'obligation de remploi ne pouvait être imposée au mari, sous prétexte qu'il serait illicite que la femme eût une action contre lui. C'est une pure affirmation (3).

Il soutenait encore que l'obligation de remploi ne pouvait être sérieusement opposable aux tiers, puis-

____

(1) S. 86. I. 385, note Lyon-Caen.
(2) *Contrat de mariage* (I, n° 80, II, n° 1083).
(3) Colmet de Santerre, VI, 71 *bis*, ɪv ; Guillouard, II, n° 503 ; Laurent, XXI, n° 386.

qu'ils auraient un moyen très simple de s'y soustraire,
en obtenant de la femme qu'elle les libère de l'obligation de surveiller le remploi. Mais le contrat de mariage
lui a précisément retiré ce droit (art. 1395), et c'est par
là que la clause de remploi est protectrice de ses intérêts.
La validité de la clause avec cette portée étendue est
aujourd'hui définitivement admise (1).

50. — On trouve souvent, dans les contrats de mariage contenant adoption du régime de communauté, une
stipulation dite de reprise d'apport franc et quitte. Sa
validité après avoir été vivement contestée dans notre
ancien droit finit par être admise. Mais on l'interpréta
toujours restrictivement (2). Elle a été consacrée par l'article 1514 du Code civil.

En règle générale, elle n'est pas opposable aux tiers.
La femme, qui s'est obligée envers les créanciers du
mari, ne peut donc l'invoquer contre eux : elle peut être
obligée de payer, et n'avoir qu'un recours illusoire contre le mari, s'il est insolvable.

Mais la reprise est souvent stipulée, même pour le
cas où la femme se serait obligée solidairement avec son
mari, ou aurait été condamnée avec lui. Dans ce cas la
femme peut-elle exercer la reprise de son apport à l'encontre des créanciers? La Cour de cassation fit d'abord
droit à sa prétention (3). Mais les notaires protestèrent
contre la portée donnée à cette clause (4). Ils devaient

____

(1) Cass., 8 juin 1858, Ch. r., D. 58. I. 233. S. 58. I. 147 ; Cass., 19 juillet 1865, S. 65. I. 372.

(2) Renusson, *Communauté*, 1re part., ch. IV, n° 74, et Pothier, *Communauté*, 1re part., ch. III, sect. II, art. VI.

(3) Cass., 7 fév. 1855, S. 55. I. 580 ; Cass., 16 mars 1856, S. 56. I. 415.

(4) Cf. *Journal du Notariat*, n° du 13 août 1856; — Pont (*R. crit.*, 1856,
p. 522).

en être les meilleurs interprètes. Les Cours d'appel refusèrent de suivre la Cour de cassation (1) qui se rangea à leur opinion (2).

Il est d'ailleurs licite de rendre la clause opposable aux tiers. Il suffit d'en manifester l'intention d'une façon très claire. Cette solution ne saurait faire difficulté, lorsqu'on admet avec la jurisprudence que la dot mobilière peut être inaliénable (3).

L'apport dont la femme stipule la reprise tombe en communauté. Il peut donc être aliéné par le mari et saisi par ses créanciers. La femme n'a d'autre garantie que son hypothèque légale. Or cette hypothèque ne s'exerce que sur les immeubles du mari. L'effet de la clause, si elle est opposable aux tiers, se restreint donc à l'incapacité pour la femme de compromettre par ses conventions la restitution de la valeur de son apport (4). Les tiers peuvent d'ailleurs exiger, que la consistance de l'apport soit prouvée par inventaire ou état authentique (5).

51. — Parmi les clauses imaginées par la pratique, il en est une qui souleva, il y a une quinzaine d'années, une vive polémique. Développant le système qui assigne, comme fondement à l'inaliénabilité, l'incapacité de la femme, les praticiens crurent pouvoir formuler ce

---

(1) Bordeaux, 19 fév. 1857, S. 57. II. 693 ; Nancy, 10 déc. 1857 ; Limoges, 4 mars 1858 ; Paris, 21 juillet 1858, S. 58. II. 314.

(2) Cass., 14 et 15 déc. 1858, S. 59. I. 229. Ainsi interprétée par le tribunal de l'Empire d'Allemagne pour les pays régis par le Code civil français, 13 juin 1893, D. 94. II. 532.

(3) Cass., 14 juillet 1879, D. 80. I. 328 ; Riom, 11 et 24 juillet 1886, D. 87. II. 252. — Aubry et Rau, V, § 533, texte et note 13 ; Baudry-Lacantinerie, *Précis*, III, n° 297.

(4) Agen, 13 février 1881, S. 81. II. 149.

(5) Angers, 26 mai 1869, D. 69. II. 238, S. 70. II. 85.

que la doctrine disait être sous-entendu dans tout contrat de mariage, contenant stipulation du régime dotal.
La femme dotale est incapable d'aliéner et d'engager sa
dot par ses conventions. Si elle n'a que des biens dotaux, elle se trouve, dit-on, pleinement incapable. Pourquoi, dès lors, ne pas insérer dans le contrat de mariage
une clause déclarant la femme incapable de s'obliger
pendant le mariage, ou plus spécialement de cautionner
son mari ? C'est ce qui fut fait. Mais au cours du mariage, la clause fut trouvée gênante. La femme intervint
dans un contrat passé au profit de son mari. Puis, se ravisant, elle demanda la nullité de son engagement en
invoquant ses conventions matrimoniales. Par deux fois
la Cour de Paris fit droit à des demandes de cette nature (1). Mais ces décisions soulevèrent dans la doctrine
des protestations à peu près unanimes (2).

La loi autorise sans doute la femme à s'interdire d'engager ses biens dotaux. Mais l'incapacité *sui generis* qui
résulte de l'adoption du régime dotal est, comme nous
l'avons dit, une incapacité limitée. L'obligation contractée par la femme recevra exécution sur ses paraphernaux,
et, se trouvât-on en présence d'une clause de dotalité

____

(1) Paris, 17 nov. 1875. S. 76. II. 65 (la femme s'était interdit de cautionner son mari) ; et 6 déc. 1877, S. 78. II. 161 (la femme avait stipulé
l'incapacité de s'obliger). Cf. dans le même sens un jugement du tribunal
de Reims rapporté par de Folleville à la fin de sa brochure : *L'incapacité
contractuelle de la femme mariée.*

(2) Lyon-Caen, S. 76. II. 65, 78. II. 61, 84. II. 193 ; Valette, *Mélanges,*
p. 513, 518, 523 ; Vavasseur, *R. crit.*, 1878, p. 289 ; Challamel, *R. crit.*,
1880, p. 1 ; De Folleville, *De l'incapacité contractuelle de la femme mariée,* et *Contrat de mariage,* 1, n°° 12 et suiv.; Labbé, *R. crit.*, 1881, p.325 ;
Guillouard, *Contrat de mariage,* I, n° 103.

V. cependant une dissertation anonyme dans *Gaz. des trib.* du 16 mars
1876, et celle de M. Didio dans *Revue du notariat et de l'enregistrement,* 1876, p. 340.

générale, englobant tous les biens présents et à venir, elle s'exécuterait toujours sur les biens recueillis par la femme après la dissolution du mariage. Valider la clause litigieuse, c'était admettre que l'obligation était nulle et ne pouvait jamais avoir effet. C'était donc dépasser l'incapacité dotale. Or, en matière de clauses restrictives de la capacité, tout ce qui n'est pas permis est défendu (art. 6 et 1388 Civ.). La liberté des conventions matrimoniales reçoit des limites nécessaires de l'ordre public. La Cour de Paris prétendait que le principe de la prohibition des incapacités conventionnelles reçoit exception « quand il s'agit de conventions matrimoniales établies dans l'intérêt de la conservation du patrimoine des femmes, en vue des enfants à naître du mariage ». Mais nulle part le législateur n'a posé ce principe, malgré sa sollicitude pour les femmes. — On avait allégué, d'autre part, et la Cour avait reproduit l'argument dans les motifs de son arrêt, pour justifier la validité de la clause, la publicité à laquelle cette clause avait été soumise conformément à la loi du 10 juillet 1850. L'argument était sans valeur. Et M. Valette, un des auteurs de la loi en question, répondait très justement qu'en proposant des mesures de publicité du contrat de mariage, il n'avait pas entendu, pas plus que ses collègues, « rendre valables dans l'avenir des clauses nulles d'après le droit commun existant ». Il terminait sa critique de l'arrêt par cette protestation : « La nullité de l'obligation d'une femme mariée autorisée de son mari, nullité que l'on tirerait des conventions matrimoniales de cette femme est une monstruosité inouïe jusqu'à ce jour ».

La Cour de cassation appelée à se prononcer donna

raison à la doctrine en cassant l'arrêt de la Cour de Paris (1).

De nouveau la question se présenta en 1884 devant la même Cour (2). Cette fois elle se rangea à l'opinion de la Cour suprême, qui, sur le pourvoi formé contre l'arrêt, maintint sa jurisprudence antérieure (3).

Une question subsidiaire pouvait se poser et fut effectivement discutée dans la dernière espèce. La clause inefficace en tant que clause d'incapacité générale ne valait-elle pas comme stipulation d'inaliénabilité ? Nous la croyons en effet suffisamment expresse pour entraîner cette conséquence. Il n'est pas douteux que les parties ont voulu soustraire les biens de la femme aux poursuites des créanciers. Et la Cour aurait pu justifier de cette façon la solution qu'elle donnait aux procès qui lui étaient soumis. C'est l'opinion que soutinrent MM. Lyon-Caen et Valette à l'occasion de l'arrêt du 6 décembre 1877. Mais dans la première espèce, ils rejetaient cette solution. L'argument qu'ils alléguaient était tiré de l'incompatibilité entre l'inaliénabilité et le régime de séparation de biens qui était celui des époux. Nous avons dit que l'objection ne nous paraît pas irréfutable.—Nous admettrions donc que les biens de la femme déclarée incapable de s'obliger sont inaliénables et insaisissables (4). Si en même temps elle avait stipulé la séparation de biens, elle conserverait l'administration de ses biens. Nous ne saurions admettre que la clause emporte

(1) Cass., 22 décembre 1879, D. 80. I. 112 ; S. 80. I. 124.
(2) Paris, 12 juin 1884, S. 84. II. 193.
(3) Cass., 13 mai 1885, D. 86. I. 204 ; S. 85. I. 312.
(4) La Cour de Paris se prononce en sens contraire dans son arrêt précité du 12 juin 1884.

soumission au régime dotal,et soumette les biens à l'administration et à la jouissance du mari. Ce serait méconnaître l'intention des parties clairement manifestée.

Depuis 1884 les tribunaux n'ont pas été appelés, à notre connaissance, à statuer à nouveau sur la question que nous venons de discuter. Ils se conformeraient probablement à la jurisprudence adoptée par la Cour de cassation. La tentative de la pratique d'étendre la protection accordée à la femme n'en était pas moins intéressante à signaler. Elle prouve que le régime dotal dont on annonce depuis longtemps la fin prochaine pousse au contraire de profondes racines dans la pratique. Il se modifie sans doute sous l'influence de besoins nouveaux. Mais le danger des spéculations qui s'offrent chaque jour plus nombreuses a ouvert les yeux aux pères de famille. Soucieux de l'intérêt de leurs filles, ils les prémunissent contre leur faiblesse, en les mariant sous un régime d'inaliénabilité, non pas le régime dotal du Code civil, mais un régime de protection plus éclairé. Rendu plus favorable aux intérêts de la femme, grâce à la société d'acquêts qui s'y ajoute toujours, le régime dotal transformé tend à devenir très usité dans les classes aisées de la société.

SECTION III. — Conflits de lois.

52. — L'examen rapide, que nous avons fait des règles générales qui régissent la capacité de la femme mariée dans les diverses législations, nous a permis de constater entr'elles l'existence de divergences encore importantes. Elles s'atténuent chaque jour avec la tendance des législateurs modernes de reconnaître à la femme sa pleine capacité civile. Et cependant l'unité est encore loin d'être faite. On pense encore à protéger la femme contre le mari, et l'organisation de cette protection varie avec les législations. Des conflits de lois sont donc possibles. Quel est le principe général qui doit nous servir à les résoudre ?

Ce qui fait la difficulté de la question, c'est que le mariage, s'il est un contrat entraînant d'importants effets pécuniaires, affecte en même temps l'état et la capacité de la femme et intéresse par conséquent l'ordre public.

Dans la doctrine qui tend à prévaloir aujourd'hui en droit international privé, on applique aux époux leur loi personnelle, quant aux effets du mariage relatifs à leur personne, et la loi à laquelle ils ont voulu se soumettre, quant aux effets sur leurs biens (1). Et s'ils n'ont pas clairement manifesté leur volonté, on doit rechercher les circonstances qui permettent de la découvrir : le domicile des parties, leur loi nationale, celle du mari surtout devront être pris en considération. Si rien ne permet de la déterminer avec précision, on paraît s'en tenir généralement à la loi nationale du mari (2), plutôt qu'au domicile matrimonial, comme on l'admettait autrefois (3) et comme on l'admet encore en Angleterre (4).

(1) Cass., 15 juillet 1885, S. 86. I. 225, note Demante ; Cass., 9 mars 1891, D. 91. I. 450 ; Paris, 25 novembre 1892, D. 92. II. 505 (note Pic) ; Paris, 24 mai 1895, D. 96. II. 53 ; Fœlix et Demangeat (*Traité du dr. int. pr.*, I, p. 82) ; Weiss (*Traité élém. de dr. int. pr.*, p. 670 et 689).

(2) Cass., 12 juin 1874, D. 75. I. 333 ; Aix, 7 févr. 1882, S. 83. II. 110 ; Renault (*Rev. crit.*, 1883, p. 729) ; Weiss (*op. cit.*, p. 689) ; Pillet (*J. du dr. int. pr.*, 1895, p. 248).

(3) Lainé (*Introd. au dr. int. pr.*, II, p. 124 à 171).

(4) Westlake (*J. du dr. int. pr.*, 1881, § 35 et 36) ; Cf. Pau, 26 juill. 1886, S. 87. II. 127.

C'est la solution qu'a adoptée la conférence de la Haye
dans sa dernière session, tenue du 25 juin au 13 juillet
1894. « Les effets du mariage sur l'état et la capacité de
la femme mariée, dit l'une de ses résolutions, se règlent
d'après la loi du pays, auquel appartenait le mari lorsque le mariage a été contracté. »

La capacité de la femme mariée une fois déterminée
forme un statut personnel, qu'on doit toujours lui appliquer. La doctrine (1) et la jurisprudence (2) sont à
peu près unanimes pour décider que la capacité des
étrangers est régie par leur loi nationale. Mais la jurisprudence y apporte une restriction assez indécise, tirée
de l'intérêt des Français qui ont contracté avec l'étranger. La doctrine la plus récente repousse cette restriction et n'admet que celle qui résulte de l'ordre public
international.

53. — La théorie de la personnalité des lois doit recevoir spécialement son application dans le sujet qui
nous occupe.

La question s'était posée, devant la Cour de Paris, en
1831, dans les circonstances suivantes. Une femme française, devenue espagnole par son mariage, vint s'établir
en France et s'engagea solidairement avec son mari.
Etait-elle tenue ? Non, puisque, d'après son statut personnel, l'intercession de la femme au profit du mari
était prohibée. Telle fut en effet la décision donnée par

______

(1) Aubry et Rau, I, § 78 ; Demolombe, I, nᵒ 98 ; Despagnet, *Précis de
dr. int. pr.*, nᵒ 405 ; Laurent, *Principes de droit civil*, I, nᵒ 24 ; *Le
droit civil internat.*, V, p. 224 ; Weiss, *op. cit.*, p. 673.

(2) Cass., 16 janvier 1861, D. 61. I. 193 ; Cass., 20 avril 1869, S. 69. I.
359 ; Paris, 14 novembre 1887, D. 88. II. 225 ; Rennes, 7 février 1890, D.
91. II. 180 ; Trib. civ. Seine, 6 mai 1893, *Pand. fr.*, 94, V. 16 ; Trib.
civ. Pontoise, 11 juillet 1894, *Pand. fr.*, 95, V. 6.

le Tribunal de la Seine. Mais ce jugement fut infirmé par la Cour de Paris (1) qui décida que « les obligations et les contrats passés en France ne peuvent être jugés et appréciés que d'après la législation qui est propre à la France ». C'était la négation de la personnalité des lois. Le pourvoi formé contre l'arrêt fut rejeté par la Cour suprême comme n'ayant violé aucun texte de notre loi. Si l'article 3, alinéa 3, dispose en effet que « les lois concernant l'état et la capacité des personnes régissent les Français même résidant en pays étranger », il ne contient aucune disposition semblable en faveur des étrangers résidant en France. La Cour de cassation se refusait à examiner la question au fond.

L'arrêt de la Cour de Paris fut vivement critiqué par la doctrine (2). « La disposition du sénatusconsulte Velléien, disent Fœlix et Demangeat (3), est évidemment un statut personnel ». Cette opinion était celle de la majorité de nos anciens auteurs (4).

La Cour de Chambéry en a fait application dans une espèce où une femme de nationalité valaisanne s'était engagée dans l'intérêt de son mari. D'après la législation du canton du Valais, la femme a besoin de l'autorisation de la chambre pupillaire du canton, pour contracter un pareil engagement (art. 93 et 98, C. civ. valaisan). Par arrêt du 9 janvier 1884 (5), la Cour de Chambéry a dé-

---

(1) Paris, 15 mars 1831, sous Cass., S. 33. I. 663.

(2) Cf. analyse et critique de l'arrêt par Laurent, *Dr. civ. intern.*, V, n° 68.

(3) I, n° 93 note *a*.

(4) Cf. *suprà*, p. 55.

(5) *J. du dr. int. pr.*, 1885, p. 180. Cf. C. d'Aix, 4 mars 1890, *ibid.*, 1891, p. 1202.

cidé que cette autorisation était requise pour s'engager en France.

La même doctrine a été appliquée par la Cour suprême du grand-duché de Hesse dans un arrêt du 26 avril 1833 (1), par la Cour de justice de Genève le 11 juin 1877 (décision maintenue par le Tribunal fédéral) (2) et de nouveau par le Tribunal civil de Genève le 6 janvier 1888 (3).

54. — La jurisprudence hésite encore sur l'application de la loi nationale des époux en ce qui concerne les immeubles. L'hésitation se manifeste pratiquement en ce qui concerne l'hypothèque légale (cf. *infrà*) et l'inaliénabilité dotale. Les immeubles français d'une femme étrangère, mariée sous le régime dotal, sont-ils inaliénables ? Il faut l'admettre, quelque parti qu'on prenne sur le fondement de l'inaliénabilité. Si on y voit une incapacité, on est en présence d'un statut personnel ; si on y voit une indisponibilité, il faut encore appliquer la loi nationale, parce qu'on se trouve en présence d'une question de contrat. Il n'est pas douteux, d'ailleurs, que si la loi qui régit les époux repousse l'inaliénabilité, ils ne sauraient être admis à l'invoquer (4).

A l'inverse des époux français ne pourraient invoquer l'inaliénabilité dotale dans un pays qui la repousserait. L'ordre public s'y opposerait.

Le régime matrimonial des époux une fois fixé ne doit pas pouvoir être modifié par un changement de natio-

---

(1) Rapporté par Fœlix et Demangeat, *l. cit.*
(2) *J du dr. int. pr.*, 1880, p. 407 ; cf. *ibid.*, 1875, p. 318.
(3) *Ibid.*, 1890, p. 514.
(4) Demangeat sur Fœlix, *op. cit.*, I, p. 213, n. *a* ; Esperson, *J. du dr. int. pr.*, 1880, p. 215 ; Weiss, *op. cit.*, p. 694 ; *Sic*, Trib. civ. Seine, 20 août 1884, *Fr. jud.*, 1884, II.90.

nalité (1). Des difficultés ont parfois été soulevées, à l'occasion d'annexions de territoires. La Cour de Chambéry et la Cour de Milan (2) ont jugé que la femme mariée pouvait intercéder pour son mari dans les conditions de sa nouvelle loi nationale.

(1) Arntz (*R. de dr. int. et de lég. cpr.*, 1880, p. 323) ; Renault (*R. crit.*, 1883, p. 330) ; Weiss (*op. cit.*, p. 694) ; Westlake (*Private international law*, p. 65).

(2) *Journal du dr. int. pr.*, 1878, p. 54 ; et 1888, p. 425.

CHAPITRE II

FORMES ET EFFETS DE L'INTERCESSION DE LA FEMME AU PROFIT DU MARI.

55. — L'intercession *lato sensu* peut revêtir toutes les formes des actes juridiques. Aliéner un de ses propres pour en faire bénéficier son mari, payer une de ses dettes, constituer une hypothèque sur ses biens ou renoncer à celle qu'elle a sur ceux du mari en faveur des créanciers de celui-ci, ce sont là autant de moyens permettant à la femme de venir en aide à son mari, aussi bien qu'en s'obligeant avec lui ou pour lui.

Les cas, où la femme s'oblige en même temps que son mari, où on lui demande sa signature, selon l'expression de la pratique, sont chaque jour plus nombreux (1). Les raisons qui la décident ne sont pas toujours les mêmes. Bien souvent ce n'est pas dans le seul intérêt du mari qu'elle s'engage avec lui. Elle a en vue l'intérêt de la famille, à qui l'opération du mari doit profiter. Quand le tiers exige pour traiter qu'elle s'oblige personnellement, elle intervient à l'acte passé par le mari. Cette

---

(1) Observons que la femme joue ainsi un rôle beaucoup moins effacé que celui qu'on se plaît à lui assigner. L'acte que signeront les deux époux aura été délibéré entre eux dans l'intimité. La femme aura souvent fait prévaloir ses vues, tout en paraissant se tenir à l'écart. V. le développement de ces idées dans la thèse précitée de M. Basset, *Le rôle de la femme mariée dans la gestion des intérêts pécuniaires de l'association conjugale.*

exigence des tiers peut être motivée par des considérations d'ordres divers. Dans la majorité des cas, il s'agira d'obtenir de la femme la renonciation à son hypothèque légale sur un immeuble du mari ou de la communauté, sur lequel un droit réel doit être constitué, ou qui doit être aliéné. L'engagement personnel n'est sans doute pas nécessaire pour atteindre ce résultat; mais on manque bien rarement de le demander, et il est tout à fait exceptionnel qu'il soit refusé.

C'est surtout envers les créanciers du mari que la femme s'oblige. Menacés de l'hypothèque légale, ils s'y font subroger et obtiennent en même temps de la femme, qu'elle garantisse sur ses propres biens le payement de la dette. Indépendamment de toute hypothèque d'ailleurs, la femme peut, dans son intérêt bien entendu, s'engager avec son mari pour lui procurer l'appoint de son crédit personnel, et lui permettre d'étendre le cercle de ses affaires : de pareils engagements se rencontrent fréquemment dans le monde des petits commerçants où la femme accepte, endosse ou avalise les effets de commerce de son mari.

Quelquefois, plus rarement, l'intervention de la femme s'explique par l'impossibilité juridique, où se trouve le mari, d'accomplir sans elle l'opération projetée. C'est ainsi que « il ne peut disposer entre vifs à titre gratuit des immeubles de la communauté, ni de l'universalité ou d'une quotité du mobilier si ce n'est pour l'établissement des enfants communs » (art. 1422). L'intervention de la femme paraît bien devoir lever cette interdiction. C'est l'opinion généralement suivie. Et elle se fonde sur des arguments qui paraissent décisifs. L'article 1421 formule la règle, d'après laquelle le mari peut aliéner les biens communs sans le concours de la femme. Exceptionnellement (art. 1422) il ne le peut pas. Mais *à contrario* avec ce concours le pouvoir de disposition redevient complet. Il y a là une manifestation du droit de copropriété actuelle de la femme. On concevrait difficilement qu'on lui eût interdit d'accéder à la donation de biens communs. C'est dangereux sans doute. Elle peut se laisser influencer par le mari. Mais il y a bien d'autres actes, pour lesquels cette influence est à redouter, et que la loi ne lui interdit pas. « Elle peut par exemple, dit M. Colmet de Santerre (1), cautionner son mari ou vendre un propre pour lui procurer de l'argent, et certes l'influence du mari est plus à craindre dans ces hypothèses, où l'intérêt de celui-ci est en jeu, que dans le cas d'une donation d'un bien de communauté qui lui est toujours pécuniairement préjudiciable ».

Les restrictions apportées par les articles 242 et 1445 du Code civil aux droits du mari sur les biens communs pendant l'instance en divorce ou en séparation de biens pourraient aussi être levées par l'intervention de la femme. C'est une éventualité qui se produira bien rarement dans l'état d'esprit où se trouvent les époux dans de pareils moments. Et cependant l'hypothèse est possible. Elle peut se réaliser surtout pendant une instance en séparation de biens, qui ne dénote souvent aucune animosité personnelle d'un époux contre l'autre.

L'intervention de la femme aux actes passés par le mari est quelquefois rendue nécessaire par l'incertitude des tiers sur les droits que le mari veut leur conférer. Ceci se présente par exemple dans le cas où l'acte de

____

(1) VI, n° 66 *bis*, xiii.

célébration du mariage porte que les époux se sont
mariés sans contrat. Si leur déclaration est exacte, ils
sont mariés sous le régime de communauté. Que si elle
est fausse, la femme ne peut se prévaloir de l'incapacité
dotale (nouvel art. 1391 complété par la loi du 10 juillet
1850), mais les autres conventions matrimoniales sont
maintenues. Il est dès lors difficile de connaître les
droits qu'elles ont conférés au mari sur le patrimoine
de la femme. Peut-il donner ses biens à bail ? Peut-il
disposer du mobilier ? Oui, si le régime adopté est celui
de la communauté ; non, si le contrat de mariage stipule
la séparation de biens. Pour être pleinement garantis
les tiers devront obtenir la signature de la femme (1).

Le même motif explique encore son intervention à
l'acte d'aliénation d'un bien acquis dans les conditions
de l'article 1408, alinéa 2. « Dans le cas où le mari de-
viendrait seul, et en son nom personnel, acquéreur ou
adjudicataire de portion ou de la totalité d'un immeuble appartenant par indivis à la femme, celle-ci, lors de
la dissolution de la communauté, a le choix ou d'abandonner l'effet à la communauté..... ou de retirer l'immeuble... » Si elle exerce le retrait, les droits conférés
par le mari s'évanouissent. C'est du moins l'opinion
généralement suivie (2). Y a-t-il un moyen d'éviter ce
danger ? On l'admet généralement. Et il consiste préci-

(1) Il paraît cependant que la pratique se préoccupe peu de ce danger ;
et quand l'acte de célébration constate que les époux ont déclaré s'être
mariés sans contrat, on les considère comme communs en biens. Il est
en effet assez rare de voir les futurs époux se préparer si longtemps à
l'avance à des fraudes éventuelles, dont le profit est trop aléatoire. — Cf.
Basset, *op. cit.*, p. 390.

(2) Aubry et Rau, V, § 507, texte et n. 105 ; Guillouard, II, n° 559 et les
renvois. V. cep. Laurent, XXI, nos 848 et 353.

sément à faire concourir la femme à l'acte de disposition. Elle se rend ainsi non recevable à invoquer le retrait, à l'encontre de ceux envers qui elle s'est engagée.

56. — Voilà bien des hypothèses, et il en existe d'autres, où la femme intervient au contrat passé par son mari. Elle ne fait pas toujours une véritable intercession : nous l'avons déjà constaté; mais, dans la majorité des cas, il peut en être autrement. Le législateur l'a prévu. Aussi a-t-il édicté pour plusieurs actes des règles protectrices de l'intérêt de la femme. C'est ainsi qu'il a facilité son recours, au point de vue de la preuve, dans certains cas. Dans d'autres, il a cherché à la prémunir contre des entraînements irréfléchis, en exigeant la formalité d'un acte authentique. Et surtout il lui a accordé une hypothèque légale, destinée à garantir la créance d'indemnité née de son intercession au profit du mari.

Nous allons étudier les principaux modes sous lesquels se manifeste l'intercession de la femme, et les moyens que le législateur a pris dans chaque cas pour sauvegarder l'intérêt de la femme. Nous nous occuperons ensuite de la créance d'indemnité qui en naît dans tous les cas, et de l'hypothèque légale qui la garantit.

Nous diviserons donc ce chapitre en 4 sections :

Section I. — Aliénation des propres de la femme.

Section II. — Obligations contractées par la femme dans l'intérêt du mari.

Section III. — Subrogation et renonciation à son hypothèque légale en faveur d'un créancier du mari.

Section IV. — Hypothèque légale qui garantit la créance d'indemnité de la femme intercédante.

SECTION I. — Aliénation des propres de la femme.

57. — L'aliénation des propres de la femme ne doit pas enrichir le mari. Aussi quand l'aliénation a profité à celui-ci, elle acquiert contre lui une créance d'indemnité.

Sous le régime de communauté, la femme peut, quand la communauté se dissout, prélever, sur la masse des biens, « le prix de ses immeubles qui ont été aliénés et dont il n'a pas été fait remploi » (art. 1470-2°). Sur ce point elle n'est pas autrement traitée que le mari. Elle jouit seulement pour l'exercice de ses reprises de faveurs spéciales déterminées par les articles 1471 et 1472. — Il a été jugé très justement que la clause qui dispenserait par avance les futurs époux de toute récompense, contrairement aux dispositions de l'article 1437, serait nulle, comme aboutissant à permettre au mari de s'approprier toute la communauté (1) La Cour de cassation belge a posé en principe, « que les clauses qui s'attaquent à l'essence du régime de la communauté, au détriment des conditions de protection que le législateur a introduites pour venir au secours de la faiblesse de la femme, par rapport à la puissance du mari, sont nulles (2) ».

58. — Si au contraire la femme est séparée de biens, le législateur présume, bien qu'alors la femme soit aussi indépendante que possible, que le prix d'aliénation de ses immeubles est destiné au mari. Voilà pourquoi l'article 1450 dispose: « Le mari n'est point garant du

____

(1) Trib. civ. de Gand, 31 mai 1893, D. 94. II. 349.
(2) Cass., 1er déc. 1870, *Belg. jud.*, 1871, p. 1.

défaut d'emploi ou de remploi du prix de l'immeuble que la femme séparée a aliéné sous l'autorisation de la justice, à moins qu'il n'ait concouru au contrat, ou qu'il ne soit prouvé que les deniers ont été reçus par lui, ou ont tourné à son profit. — Il est garant du défaut d'emploi ou de remploi, si la vente a été faite en sa présence et de son consentement; il ne l'est point de l'utilité de cet emploi. »

Dans notre ancien droit, la doctrine qu'a consacrée l'article 1450 avait fait difficulté. Pothier, qui l'adoptait, disait qu'elle se fondait sur des raisons très fortes. « Ces raisons, écrivait-il (1), sont que, sans cela, la séparation serait une voie à un mari pour s'approprier tout le bien de sa femme, par l'abus qu'il pourrait faire de la puissance qu'il a sur sa femme, pour la porter à vendre ses fonds et à lui en faire passer le prix de la main à la main, sans qu'il en parût rien ». Tel est encore, à n'en pas douter, le fondement de la disposition de notre loi, bien qu'on puisse lui assigner en même temps pour base le devoir de protection dont le mari est tenu à l'égard de sa femme (2). Ce second motif est certainement secondaire, car dès qu'il est prouvé que le mari ne s'est pas approprié le prix, sa responsabilité cesse. C'est ainsi que la loi décide, qu'il n'est pas responsable de l'utilité de l'emploi. Aussi, pour préciser l'étendue de la responsabilité qui incombe au mari, faut-il distinguer selon que l'autorisation émane de lui ou de la justice.

Si l'aliénation a été autorisée par justice, le mari ne

____

(1) *Traité de la communauté*, n° 605.

(2) Aubry et Rau, V, § 506, texte et notes 72 et 73 ; Demante et Colmet de Santerre, VI, n° 102 ; Guillouard, III, n° 1212 ; cf. Laurent, XXII, n°ˢ 325 et suiv.

saurait répondre des conséquences d'un acte, auquel il
est resté étranger (art. 1450, al. 1). Mais il peut arriver
qu'il se ravise, et qu'après avoir refusé son autorisation,
il concoure à l'acte d'aliénation permis par le tribunal.
En pareil cas il est suspect de s'être approprié le prix ;
la loi l'en déclare responsable. Que s'il s'est tenu à l'écart,
il n'est responsable que si la femme prouve que les deniers ont été reçus par lui, ou ont tourné à son profit.
La preuve peut être faite par témoins ou par présomptions car, disent Aubry et Rau, « la dépendance dans
laquelle la femme se trouve placée crée pour elle une
espèce d'impossibilité morale d'exiger une quittance de
son mari (1). L'impossibilité morale de se procurer une
preuve écrite doit en effet être assimilée à l'impossibilité
physique (2).

Le mari a-t-il au contraire personnellement autorisé
la femme à consentir l'aliénation ? Il est présumé avoir
profité du prix. Aussi est-il toujours responsable du défaut d'emploi ou de remploi. Le texte paraît bien exiger,
pour que cette responsabilité existe, non seulement qu'il
ait consenti, mais qu'il ait en outre participé à l'acte d'a-
liénation. Mais la rédaction de notre article est certainement vicieuse à ce point de vue. Etant donné le motif
qui a inspiré cette disposition, on ne comprendrait pas
que le seul fait par le mari de se tenir à l'écart lors de
la conclusion du contrat, après qu'il l'aurait autorisé
par écrit, pût le dispenser de la responsabilité que la
loi fait peser sur lui. Ce serait un moyen trop commode
de l'éluder. La femme lui ferait passer le prix de la main

---

(1) Aubry et Rau, V, § 516, texte et note 74.
(2) Aubry et Rau, VIII, § 765, texte et note 3 ; Bonnier, *Preuves*, I, 172 ;
Larombière, sous l'article 1348, n°s 4 et 5.

à la main, et le danger que le législateur a voulu conju-
rer se réaliserait entièrement. Si le texte paraît exiger
en même temps le consentement du mari et sa présence
à l'acte, c'est qu'il a voulu embrasser dans une même
disposition l'hypothèse d'un consentement exprès et
celle d'un consentement tacite résultant du concours du
mari à l'acte d'aliénation. M. Colmet de Santerre a exactement traduit l'alinéa 2 de l'article 1450 dans les termes
suivants : « Le mari est responsable quand la vente a
été faite en sa présence et quand elle a été faite de son
consentement, bien qu'en son absence(1) ». — C'est en ce
sens que se prononce la jurisprudence (2). Dans un arrêt récent la Cour d'Angers a, dans ses motifs, émis une
opinion contraire. Mais elle se fondait en même temps,
pour repousser l'action en garantie de la femme, sur ce
que « il était établi par tous les documents de la cause
que la somme, pour laquelle elle demandait condamnation contre son ex-mari pour défaut d'emploi, avait été utilement employée au payement des dettes personnelles
de cette dame, contractées par elle depuis la séparation
de biens, dont elle avait profité et dont l'acquittement
engageait son avoir aussi bien que sa loyauté ». Dans
de telles circonstances de fait, il était évident que la demande de la femme était irrecevable. Aussi la Cour de
cassation, à qui l'arrêt a été déféré, n'a pu que rejeter
le pourvoi, tout en faisant ses réserves sur la question
de droit. Elle a décidé « que les déclarations de fait jus-
tifiaient la décision attaquée, alors même que la théorie
de droit serait erronée (3) ».

(1) VI, n° 102 *bis*, III. *Sic* : Aubry et Rau, § 516, texte et n. 72 ; Guillouard, III, n° 1212.
(2) Cass., 1ᵉʳ mai 1848, S. 48. I. 501.
(3) Cass., 8 juillet 1891, *Pand. fr.*, 92. I. 197.

59. — Par la place qu'il occupe, l'article 1450 ne vise que la femme séparée de biens judiciairement. Est-il permis de l'étendre en dehors de ce cas ? Le fondement sur lequel il repose commande cette extension à tous les régimes, où il existe entre les époux une séparation d'intérêts.

C'est ainsi qu'il faudra appliquer la disposition de notre texte à la séparation de biens conventionnelle. Les mêmes raisons en justifient l'application. C'est ce qu'a jugé la Cour de cassation par arrêt du 13 novembre 1861 (1).

L'article 1450 devra encore être appliqué à l'aliénation que ferait la femme dotale de ses paraphernaux. La Cour de cassation s'est depuis longtemps prononcée en ce sens (2). Et la Cour de Paris jugeait récemment, le 20 juin 1894, que la femme mariée sous le régime dotal avec société d'acquêts peut exiger récompense à raison de l'aliénation de ses biens. Le mari est responsable ; et « le principe de cette responsabilité repose, dit la Cour, sur la présomption que les valeurs ainsi aliénées l'ont été par le mari, ou avec son autorisation, expresse ou tacite, et sont tombées dans la société d'acquêts qui en a profité ».

Quant à la femme mariée sous le régime sans communauté, les auteurs lui donnent aussi une action en responsabilité contre le mari, si elle a aliéné quelques-uns de ses biens. Et ils fondent en général ce recours sur l'article 1450. C'est à notre avis justifier d'une façon inexacte une solution très juste. Si le mari répond en pareille hypothèse du prix de vente, c'est en sa qualité

(1) S. 62. I. 741.
(2) Cass., 27 avril et 27 décembre 1852. S. 52. I. 401 et 53. I. 161.

d'administrateur de la fortune de la femme. En vertu de l'article 1531, en effet, « le mari conserve l'administration des biens meubles et immeubles de la femme, et, par suite, le droit de percevoir tout le mobilier qu'elle apporte en dot ou qui lui échoit pendant le mariage, sauf la restitution qu'il en doit faire après la dissolution du mariage, ou après la séparation de biens qui serait prononcée par justice ».

SECTION II. — Obligations de la femme au profit du mari.

60. — Nous avons constaté combien sont fréquents les engagements que la femme contracte avec le mari. Les motifs de son intervention sont multiples. Bien souvent elle s'explique par le désir d'augmenter le crédit du mari. C'est alors qu'il y a véritablement intercession.

L'obligation de la femme, comme caution pure et simple, est rare. C'est plus souvent comme codébitrice solidaire qu'elle s'engage. Elle subit en cela la loi commune, qui tend à substituer la solidarité passive (il n'est plus guère question que de celle-là) au cautionnement. Le progrès consista d'abord à les séparer (1) : la distinction théorique faite fut vite méconnue par la pratique. Les nombreuses limitations à l'engagement de la caution, les progrès du commerce ont amené ce résultat. Le créancier, qui demande au débiteur de lui fournir des garants, lui impose d'obtenir leur renonciation aux bé-

---

(1) Sur la confusion primitive du cautionnement et de la solidarité, voir : Gérardin, *Nouv. Rev. hist.*, 1884, p. 239 ; Esmein, *Des contrats dans le très ancien droit français*, p. 49 ; Fournier, *Du cautionnement solidaire.*

néfices reconnus à la caution, souvent même leur engagement solidaire (1). C'est la condition qu'il met à l'avance des fonds. Cette pratique, devenue usuelle en matière commerciale, y a fait admettre la présomption de solidarité entre débiteurs tenus de la même dette. La loi elle-même l'édicte expressément pour les effets de commerce (art. 140 et 187, Co.).

Malgré la solidarité qui lie les débiteurs, ceux-là seuls, qui bénéficient du contrat, doivent supporter la dette. C'est la règle que formule l'article 1216 dans les termes suivants : « Si l'affaire, pour laquelle la dette a été contractée solidairement, ne concernait que l'un des coobligés solidaires, celui-ci serait tenu de toute la dette visà-vis des autres codébiteurs, qui ne seraient considérés par rapport à lui que comme ses cautions ». La femme, qui s'engage solidairement avec son mari dans l'intérêt de celui-ci, peut certainement invoquer le bénéfice de cette disposition. Mais la loi ne l'a-t-elle pas traitée plus favorablement qu'un autre codébiteur solidaire ? Est-elle, comme lui, lorsqu'elle exerce son recours contre le mari, tenue de prouver « que l'affaire pour laquelle la dette a été contractée ne concernait que lui seul » ?

61. — Ce qui a fait naître le doute sur l'application de l'article 1216 à notre hypothèse, c'est que l'article 1431 dispose que « la femme qui s'oblige solidairement avec son mari pour les affaires de la communauté ou du mari, n'est réputée, à l'égard de celui-ci, s'être obligée que comme caution ; elle doit être indemnisée de l'obligation qu'elle a contractée ». Quelle serait l'utilité de cette disposition, si elle n'avait pour but de déroger à l'article 1216,

______

(1) La jurisprudence ne distingue plus guère entre la caution et le débiteur solidaire. Cf. Fournier, *loc.cit*.

en établissant la présomption que la femme ne s'est obligée que comme caution (1)?

Cette conclusion est cependant combattue par d'éminents auteurs. Ils disent que l'article 1431 ne répute la femme simple caution, que lorsqu'elle s'est engagée « pour les affaires de la communauté ou du mari ». C'est donc à elle qu'il incombe de prouver, qu'elle se trouve dans les conditions de cet article. « L'article 1431, dit M. Colmet de Santerre, subordonne le droit de la femme à cette circonstance, que l'obligation a été contractée pour les affaires de la communauté ou du mari, et par conséquent la femme ne peut exercer son recours qu'en démontrant l'existence de la condition à laquelle il est subordonné » (2).

Mais entendre ainsi l'article, c'est imputer au législateur une pure tautologie. L'article 1431 voudrait dire que la femme, qui prouve qu'elle n'est pas directement intéressée à la dette, doit être réputée caution. A quoi bon cette disposition évidente ?

La présomption, d'ailleurs, que nous tirons de l'article 1431 n'est pas très rigoureuse. Il sera le plus souvent facile de prouver l'emploi qui aura été fait des fonds empruntés. Et si le mari prouve que la femme en a bénéficié personnellement, la présomption ne s'appliquera pas. La Cour de Rouen (3) l'a écartée dans un cas où la femme avait déclaré agir dans son intérêt personnel. Elle a vu dans cette circonstance de fait une considération suffisante, pour rejeter la présomption de la loi. Il est certain que les présomptions légales simples (et

____

(1) Aubry et Rau, V, § 510 *in fine* ; Guillouard, II, n° 862.
(2) Colmet de Santerre, VI, n° 76 *bis*, iii ; Laurent, XXII, n° 95.
(3) C. de Rouen, 26 mars 1892, D. 92. II. 350.

celles de l'article 1431 sont de ce nombre) peuvent être combattues par la preuve contraire. Il ne faudrait d'ailleurs pas poser comme règle, que la déclaration de la femme écartera toujours la disposition de l'article 1431. Il y aurait là un moyen trop commode de l'éluder. L'arrêt de la Cour de Rouen est une décision d'espèce. Et c'est parce qu'il se présentait comme tel, que la Cour de cassation a rejeté le pourvoi dirigé contre lui (1).

Si on écartait la présomption de l'article 1431, la femme devrait, pour se soustraire à la charge de sa part dans la dette, prouver conformément à l'article 1216 que le mari a employé les deniers dans son intérêt. Comment le ferait-elle ? C'est le mari qui seul en a disposé, qui seul a retiré les quittances. La femme est restée impuissante à en surveiller l'emploi. Il est légitime de l'exonérer de toute contribution à la dette, si le mari ne prouve qu'elle en a tiré profit. Et cela lui sera facile. C'est lui qui aura reçu les fonds et qui les emploiera : il pourra sans difficulté garder par devers lui la preuve qu'ils ont profité à la femme. Et si en pareille hypothèse il a été tenu de payer, il aura un recours contre la femme (2). Cf. art. 1432.

Réputée caution de son mari, la femme aura donc contre lui un recours en indemnité, sauf la preuve contraire à fournir par le mari, toutes les fois qu'à la dissolution de la communauté, elle y renoncera. — Que si elle l'accepte, la même solution continue à s'appliquer. Mais le mari peut prouver que la dette a été contractée dans l'intérêt de la communauté. Et la femme, qui l'aurait payée tout entière, n'aura de recours contre le mari

(1) Cass., 31 octobre 1893, D. 94. II. 156.
(2) Lyon, 6 février 1890, D. 91. I. 377.

que pour moitié. Toutefois si la femme invoquait le bénéfice d'émolument, elle pourrait poursuivre le mari pour toute la portion de la dette qui dépasserait cet émolument.

62. — Caution dans ses rapports avec son mari, la femme est débitrice principale dans ses rapports avec le créancier ou avec les autres codébiteurs (1).

D'abord, elle est débitrice principale dans ses rapports avec le créancier. — Elle ne peut donc invoquer contre lui aucun des bénéfices reconnus à la caution, celui notamment qui résulte de l'article 2037 (2). La Cour de Limoges a fait de cette idée une application intéressante dans l'espèce suivante (3). Un père et une mère constituent solidairement une dot à un de leurs fils. L'enfant ne peut obtenir le payement intégral de la dot promise dans la succession de son père, parce qu'elle excède la quotité disponible. Il se retourne contre sa mère, qui prétend se soustraire au payement du surplus, en alléguant qu'en qualité de caution elle n'est tenue que dans la mesure où son mari, débiteur principal, a pu l'être lui-même (art. 2013). Or l'obligation de celui-ci se restreignait nécessairement à la quotité disponible. Cette prétention fut rejetée « attendu que si l'article 1431 du Code Napoléon porte que la femme, qui s'oblige solidairement avec son mari, n'est réputée s'être obligée que comme caution, c'est seulement à l'égard du mari, qui doit indemniser sa femme de l'obligation qu'elle a contractée, mais qu'à l'égard des tiers la solidarité n'en

____

(1) Aubry et Rau, V, 510, texte et n. 31 ; Colmet de Santerre, VI n° 76 *bis*, ɪ ; Laurent, XXII, n° 92.
(2) Paris, 16 avril 1864, D. 64. II. 127, S. 64. II.2 89.
(3) Limoges, 20 fév. 1855, D. 55. II. 284, S. 55. II. 314.

produit pas moins tous ses effets ». — Dans l'espèce d'ailleurs la femme n'était caution de son mari que pour moitié, puisque l'obligation avait été contractée dans l'intérêt des deux époux. Eût-elle été obligée de payer la dette entière, elle n'aurait eu de recours contre le mari que pour moitié (1).

Dans ses rapports avec ses codébiteurs, la femme est également considérée comme débitrice principale. Aussi ne pourrait-elle repousser le recours des cautions, qui, après avoir payé, lui demanderaient le remboursement de l'avance qu'elles auraient faite, ni exercer contre elles un recours, si elle payait (2). — C'est encore en la considérant comme débitrice principale, qu'on devrait faire la répartition de la dette entre les coobligés conformément à l'article 1213, c'est-à-dire que la dette se diviserait entre tous, y compris la femme, chacun pour sa part et portion (3). Telle est du moins la solution théorique, car pratiquement il s'agira de savoir, dans le règlement de la contribution à la dette, quel était l'intérêt de chacun dans l'opération accomplie. Et si la femme n'avait pas d'intérêt distinct de celui du mari, elle ne comptera pas dans la répartition.

63. — L'article 1431 ne vise, dans ses termes, que la femme mariée sous le régime de communauté. Peut-il être invoqué par la femme mariée sous un autre régime? Les motifs qui l'ont inspiré en commandent l'extension. La femme, soumise à l'influence du mari, s'engagera solidairement avec lui pour une dette qui le con-

---

(1) Guillouard, I, n° 146 et II, n° 857. Cf. Cass. civ., 13 nov. 1882, *J. des faill.*, 1882, p. 577.

(2) Cass., 4 déc. 1855, D. 56. I. 58, S. 57. 1. 204 ; Aubry et Rau, V, § 510, texte et n. 32.

(3) Guillouard, II, n° 858 ; Laurent, XXII, n° 96.

cerne seul, quelles que soient d'ailleurs ses conventions matrimoniales. Si elle n'est pas protégée par la dotalité, elle sera exposée à payer une dette, dont elle ne bénéficiera pas. Et lorsqu'elle voudra exercer son recours, elle manquera des moyens de preuve, lui permettant d'établir, que seul le mari a profité de leur engagement solidaire. La situation de la femme sera donc très précaire. C'est cependant bien celle que lui fait probablement la loi. L'article 1431 ne statue que pour la femme commune. Or, c'est un principe certain, que les présomptions légales ne doivent pas être étendues à des cas autres que ceux que prévoit le texte de la loi.

La jurisprudence, soucieuse des intérêts de la femme, n'accepte pas cette conclusion. Il ne faut peut-être pas trop lui en faire grief. Elle se justifie très bien en fait. Et en droit même, il ne serait pas impossible de lui trouver une base juridique. On est d'accord pour décider que la présomption posée par la loi, à l'occasion d'une hypothèse, peut être étendue aux hypothèses de même nature (1). Tout le monde s'accorde par exemple pour généraliser celle de l'article 1908, posée cependant pour le seul prêt à intérêt en termes exprès (2). Ne pourrait-on pas soutenir légitimement que la loi a posé la présomption de l'article 1431 à l'occasion de la communauté, sans vouloir en restreindre la portée à ce régime seul ?

Quoi qu'il en soit de cet argument, que la jurisprudence n'invoque d'ailleurs pas, il a été décidé par la Cour de Paris (3), que la femme non commune bénéficiait de plein droit d'un recours en indemnité contre le

(1) **Cf. Aron**, *Des présomptions légales*, nº 240.
(2) Cass., 13 janv. 1875, D. 75. 1. 117.
(3) 20 juillet 1833, S. 33. II. 395.

mari, à raison d'une dette contractée solidairement avec lui. La décision pouvait, du reste, se justifier sans invoquer aucune présomption légale. Le mari, administrateur de la fortune de la femme, doit lui rendre compte de l'emploi des sommes empruntées.

La présomption est aussi sans utilité effective sous le régime de dotalité générale. La femme n'aura généralement pas à payer, puisque l'obligation, qu'elle contracte solidairement avec son mari, ne peut compromettre sa dot.

Mais la femme séparée de biens, et la femme dotale qui a des paraphernaux, auront grand intérêt à invoquer la présomption de l'article 1431, si elles s'engagent solidairement avec leurs maris. Le pourront-elles ? La Cour de cassation l'a permis à la femme dotale (1). Et il n'y a pas de raison pour ne pas donner la même solution, quand il s'agit d'une femme séparée de biens.

64. — L'article 1431 ne statue que pour l'obligation solidaire. Quelle solution faudrait-il appliquer, lorsque les époux s'engagent conjointement ? Chacun d'eux n'est tenu envers le créancier que pour moitié. Il paraît certain que, par argument de l'article 1431, il faut décider qu'en ce cas la femme, qui aura payé sa part dans la dette, aura un recours contre son mari, à moins qu'il ne prouve que l'obligation a été contractée dans l'intérêt de l'un et de l'autre pour parts égales (2).

65. — Le plus souvent l'obligation, que contracte la femme en faveur de son mari, se manifeste ostensiblement comme une obligation solidaire ou conjointe ou

____

(1) Cass., 9 août 1852, D. 53. 1. 156 ; S. 53. 1. 197 ; Cf. Cass., 31 oct. 1893, D. 94. 1. 156. *Contra*, Grenoble, 30 août 1853, S. 54. II. 449.
(2) Guillouard, II, n° 859.

comme un cautionnement. Une obligation directement contractée par la femme, sous la seule autorisation du mari, peut aussi déguiser une intercession. Peut-être la crainte de ce résultat explique-t-elle la disposition de l'article 1419 d'après lequel « les créanciers peuvent poursuivre le payement des dettes que la femme a contractées avec le consentement du mari, tant sur les biens de la communauté que sur ceux du mari ou de la femme ». Si la femme autorisée du mari ne l'engageait pas, si son obligation ne devait avoir aucune répercussion sur le patrimoine de celui-ci et de la communauté, on pourrait craindre qu'usant de son influence, il ne fît obliger la femme pour se procurer les ressources dont il a personnellement besoin, en lui laissant le poids exclusif de l'obligation. Ce calcul est déjoué par la disposition de l'article 1419 (1), au moins lorsque les époux sont mariés sous le régime de communauté (2). La femme est bien obligée. Mais le mari l'est aussi, au moins comme commun en biens (3). — Cette explication rend compte de la dérogation apportée à l'article 1419 par l'article 1413.

(1) Cf. Laurent, XXI, n° 428.

Nous reconnaissons d'ailleurs que l'article 1419 peut recevoir d'autres explications. On peut le justifier en disant que la loi a voulu permettre à la femme de tirer profit du crédit de la communauté, comme le mari lui-même. Et cependant si tel était le but de l'article 1419, il faudrait donner à la justice le droit d'autoriser la femme à engager la communauté. Or l'article 1427 ne le lui permet que dans des hypothèses exceptionnelles.

(2) L'adage de raison « *qui auctor est non se obligat* » s'oppose à ce que le mari qui autorise sa femme soit tenu autrement que ne le dit l'article 1419. Ainsi le mari qui autoriserait sa femme dotale n'engagerait pas même le revenu des biens dotaux, sauf dans la mesure de l'*in rem versum*. Aubry et Rau, V, § 538, texte et n. 18.

(3) C'est une question, discutée par tous les auteurs sous l'article 1419, de savoir si le mari n'est pas tenu personnellement.

Elle ne justifie pas celle que certains auteurs ont cru trouver dans l'article 1432. L'argument *a contrario*, qui les décide à soustraire le mari à toute obligation, s'il s'est borné à autoriser la vente d'un propre de la femme, sans la garantir expressément, comme le suppose le texte, nous paraît insuffisant pour déroger à la règle générale de l'article 1409-2° et de l'article 1419 : surtout si l'on considère, que l'aliénation consentie par la femme aura le plus souvent pour objet de procurer des ressources au mari et à la communauté (1).

Tenue en vertu de l'article 1419 sur ses biens personnels, la femme peut être obligée de payer toute la dette, bien qu'elle n'ait pas contracté dans son intérêt. Et quand elle aura payé, elle ne pourra exercer son recours qu'à la charge de prouver l'emploi effectif des deniers : faute de quoi, la dette étant commune restera à sa charge pour moitié. Si elle s'était engagée au contraire solidairement avec son mari, elle eût joui, en vertu de l'article 1431, d'un recours intégral en indemnité contre le mari ou ses ayants cause. Elle a donc intérêt à établir à l'encontre des héritiers du mari qu'elle s'était obligée solidairement avec lui, la Cour de cassation a jugé récemment qu'elle peut faire cette preuve par tous les moyens du droit commun. Un commencement de preuve par écrit, complété par des présomptions graves, précises et concordantes. peut donc suffire (2). Si la solidarité ne se présume pas (art. 1202), elle se prouve par présomptions (3).

---

(1) *Sic* Colmet de Santerre, VI, n° 41 *bis*, xxiii ; Laurent, XXII, n° 75. *Contrà*, Aubry et Rau, V, § 509, texte et n. 44.

(2) Cass. req., 19 mai 1890, S. 90. I. 336.

(3) Cass., 7 juin 1882, D. 83. I. 194.

66. — L'intercession de la femme au profit du mari se présente souvent en matière commerciale. Généralement contenue dans un effet de commerce, elle oblige la femme solidairement avec son mari (art. 140 et 187, C.) (1). Et l'article 1431 reçoit naturellement son application (2).

Il s'est présenté des difficultés intéressantes sur la manière dont l'autorisation devait être donnée et sur les formalités à remplir pour la validité de l'engagement de la femme. Ces questions, bien que s'étant présentées dans des cas où la femme intercédait pour son mari, ne sont pas spéciales à notre matière. Nous n'en dirons qu'un mot.

On sait que le mari reste tenu d'une mission de protection à l'égard de la femme qu'il autorise à s'engager pour lui. Voilà pourquoi il a été jugé, que l'autorisation, donnée à la femme de garantir tous les emprunts qu'il pourra faire pour son commerce à un banquier désigné, est nulle, comme trop générale, et ne remplissant pas le but que lui a assigné la loi (3).

L'autorisation doit résulter du concours du mari dans l'acte, ou de son consentement par écrit. Cette garantie accordée à la femme ne saurait être suppléée. Il n'y a donc pas autorisation valable, si le mari n'a pas concouru au contrat par lequel sa femme s'est obligée pour lui, et quand, ne l'ayant pas davantage autorisée par écrit, il s'est borné à rapporter au créancier le double de l'engagement de la femme (4). Ainsi encore si une

______

(1) Cass., 21 oct. 1890, *J. des trib. de com.*, XXXIX-704.

(2) Cass., 9 août 1852, *Ibid.*, II, p. 433.

(3) Metz, 31 janv. 1850, S. 52. II. 399 ; Poitiers, 6 mai 1880, D. 80. II. 252. — Cf. Cass., 12 mars 1883, S. 85. 1.495.

(4) Le concours du mari dans l'acte est le seul procédé d'autorisation

femme, sollicitée par le mari d'avaliser des valeurs sous-
crites par lui, s'y est d'abord refusée, puis, s'étant ravi-
sée, a signé les valeurs postérieurement et hors de la
présence du mari, il n'y a pas eu concours de celui-ci
dans l'acte, ni par conséquent autorisation suffisante (1).
De même, enfin, le seul fait de la juxtaposition de la
signature de la femme à côté de celle du mari, sur un
billet à ordre qu'il a souscrit, n'implique pas que les
deux signatures aient été données en même temps. Si
donc il n'est pas constaté d'une manière non équivoque
que le mari a connu l'engagement et l'a approuvé, au
moment où il a été conclu, l'article 217 commande d'annuler l'obligation de la femme (2).

Bien qu'on ne trouve pas un véritable concours du
mari dans l'acte de la femme, on admet d'une façon constante en doctrine et en jurisprudence, que le mari, qui
tire une lettre de change sur sa femme, l'autorise à l'accepter (3).

67. — Quel est l'effet exact de l'engagement pris par
la femme dans la forme d'un effet de commerce ? L'article 113 du Code dit que « la signature des femmes et des
filles non négociantes ou marchandes publiques sur lettres de change ne vaut, à leur égard, que comme simple
promesse ». La jurisprudence étend cette disposition au
billet à ordre (4). On discute sur la portée exacte qu'il

---

tacite. — Cass.. 26 juillet 1871, S. 71. 1. 65. — Cf. Aubry et Rau, V, § 472 ;
Demolombe, IV, nº 197.

(1) Paris, 29 fév. 1888, *Pand. fr.*, 89. II. 288.

(2) Cass., 22 fév. 1893, *Pand. fr.*, 93. 1. 287. — *Contrà* : Paris, 22 nov.
1894, *Fr. jud.*, 95. II. 140.

(3) Aubry et Rau, § 472, texte et note 59 ; Demolombe, IV, nº 196.

(4) Cass., 29 décembre 1868, S. 69. 1. 197 ; Pau, 13 mars 1888, S. 90. II.
66. — *Contrà* : Lyon-Caen et Renault, *Traité de dr. comm.*, IV, nº 535.

faut lui donner. M. Labbé paraît avoir exactement résumé la doctrine qui ressort des arrêts de la Cour de cassation, en disant que le titre dégénère en simple promesse seulement à l'égard de la femme, non à l'égard des autres signataires, et seulement lorsqu'on veut s'en prévaloir contre elle, non lorsqu'elle veut en tirer avantage (1). Tandis qu'en effet l'arrêt du 21 avril 1869 (2) décide que l'aval, donné par la femme sur un effet de commerce souscrit par son mari, a date certaine du jour de l'écrit sous seing privé qui le constate, afin de lui permettre d'invoquer son hypothèque légale à cette date, les arrêts du 31 août 1859 et du 6 mai 1878 la soustraient à son obligation si elle ne s'est pas conformée à l'article 1326 du Code civil (3). MM. Lyon-Caen et Renault combattent cette doctrine sur le terrain de l'interprétation des textes (4).

La femme qui s'oblige avec son mari commerçant ne devient pas commerçante (5).

Et de là, on doit tirer notamment les deux conséquences suivantes :

1° Elle ne peut pas être déclarée en faillite (6).

---

(1) Cette doctrine avait été formulée par Bravard et Demangeat, *Droit comm.*, III, p. 130. M. Labbé l'a développée dans une note au Sirey, 79. I. 145.

(2) S. 69. 1. 350. *Sic*, Lyon-Caen et Renault, III, n° 58.

(3) S. 60. I. 47 et 79. I. 145. *Adde*, Pau, 13 mars 1888, D. 89. II. 135 et S. 90. II. 66. *Sic*, Aubry et Rau, VIII, § 756 ; Larombière, art. 1326, n° 20 ; Demolombe, *Cont. et oblig.*, VI, n° 473. — *Contrà*, Boistel, *Cours de droit comm.*, n° 739.

(4) *Traité*, IV, n° 499.

(5) Elle ne peut être réputée marchande publique qu'autant qu'elle exerce un commerce distinct et séparé de celui de son mari. — Lyon-Caen et Renault, *Traité*, I, n° 269 ; Cass., 11 août 1884, D. 85. I. 296.

(6) Lyon-Caen et Renault, *Précis*, II, n° 2562 ; Thaller, *Revue crit.*, 1882, p. 596 et suiv. ; *Adde*, Bordeaux, 6 nov. 1893, D. 95. II. 68.

2° Elle n'est pas justiciable des tribunaux de commerce (1). Cependant il doit en être autrement, par application de l'article 637, lorsque la femme s'est engagée sur une lettre de change ou un billet à ordre (2), ce qui est fréquent.

SECTION III. — SUBROGATIONS ET RENONCIATIONS PAR LA FEMME A SON HYPOTHÈQUE LÉGALE.

68. — La femme a une hypothèque légale sur les biens du mari pour les droits et créances qu'elle a contre lui (art. 2121). C'était, à l'époque de la rédaction du Code, un moyen très énergique de protection. Il a depuis lors perdu de son efficacité, par suite de l'augmentation considérable de la fortune mobilière. Beaucoup de maris très riches n'ont aucun immeuble, ou n'ont que des immeubles fort insuffisants, pour garantir à leur femme la restitution de sa dot. Telle qu'elle est cependant, cette hypothèque apporte aux transactions de sérieux obstacles. On hésite à traiter avec un homme marié dans la crainte de se voir opposer une créance de la femme qui, grâce à la garantie d'une hypothèque générale et occulte, absorbera le plus clair de l'actif du mari. On hésite à acquérir un de ses immeubles, parce qu'on reste sous la menace d'une éviction, si on ne procède aux formalités longues et coûteuses de la purge des hypothèques légales non inscrites.

(1) Paris, 15 juillet 1854, S. 55. II. 657 ; Dijon, 23 nov. 1881, *Pal.*, 1882, p. 439.

(2) Toulouse, 23 janvier 1868, S. 68.II.36 ; — *Contrà*, Paris, 24 nov.1894, *Fr. jud.*, II-105.

La pratique (1) a trouvé le moyen de pallier, dans une large mesure, ces inconvénients, en autorisant la femme à subroger les tiers à son hypothèque légale, ou à y renoncer à leur profit. Il y a là une application des plus intéressantes de l'intercession de la femme au profit du mari. Sans se préoccuper des contradictions doctrinales qu'elle soulevait (2), la pratique, bientôt consacrée par une jurisprudence constante, permit à la femme de rendre au mari son crédit, en l'autorisant à transmettre aux tiers, qui traitaient avec lui, le bénéfice du rang de son hypothèque, ou à renoncer à s'en prévaloir à leur égard. On discuta seulement sur la protection à accorder à la femme dans cette opération. Allait-on lui permettre de sacrifier les garanties de la loi par son simple consentement? N'était-ce pas la livrer sans défense à l'influence du mari? On n'osa pas d'abord aller jusque-là. Et si la femme n'était pas directement intéressée à l'acquittement de l'obligation, pour laquelle elle consentait la subrogation, on lui imposait l'observation des formalités prescrites par l'article 2144 pour la réduction de son hypothèque légale, savoir : l'avis de ses quatre plus proches parents, et l'autorisation du tribunal, donnée après avoir entendu les conclusions du Procureur du Roi (art. 2145). Cette doctrine fut développée avec abondance dans de nombreux arrêts. La Cour de cassation, en rejetant le pourvoi formé contre un arrêt de la Cour de Dijon très longuement motivé, la formulait ainsi : « L'abandon volontaire et spontané de son hypothèque

____

(1) Cf. Bertauld, *Traité théorique et pratique de la subrogation à l'hypothèque légale* ; Beudant, *De la subrogation aux droits d'hypothèque, Rev. crit.*, XXVIII, p. 30 et 210.
(2) Cf. Rolland de Villargues dans Sirey; 18. II.341.

légale, sans avantage personnel, sans obligation préexistante, dans l'unique but de venir au secours de son
mari, est une simple restriction d'hypothèque légale, à
laquelle ne s'appliquent pas les articles 217, 1123 et 1431
du Code civil, mais les articles 2144 et 2145 (1) ». Mais
dès l'année suivante, la Cour suprême se départissait
de sa rigueur et n'exigeait plus une obligation préexistante de la femme (2). Les arrêts postérieurs portent les
traces de cette doctrine ; ils continuent à remarquer que
la renonciation n'a pas pour objet le seul intérêt du
mari. Mais ils valident tous la subrogation consentie
avec sa seule autorisation (3). On n'exceptait que les
subrogations ayant pour effet de compromettre la restitution de la créance dotale : elles restaient inefficaces (4).
Cette nouvelle doctrine fut approuvée par les auteurs.
Troplong faisait remarquer très justement, que « c'est
toujours pour son mari que la femme consent de pareilles renonciations. Les tiers n'ont pas à s'enquérir
des motifs. Ils traitent avec une personne capable.» (5).
C'était peut-être passer d'un excès de protection à l'absence de toute sauvegarde contre l'abus d'influence du
mari. Et cependant, en y réfléchissant bien, on se rend
aisément compte qu'à moins de rendre la femme incapable de s'obliger pour son mari, il était difficile de
l'empêcher de compromettre sa dot pour lui. Capable en
effet de contracter, elle peut s'engager envers les créanciers de celui-ci. Elle ne perd pas ainsi le droit d'invo-

----

(1) Cass., 9 janv. 1822, S. 23. I. 148.
(2) Cass., 28 juillet 1823, S. 23. I. 414.
(3) Lyon, 13 avril 1832, S. 32. II. 492 ; Bordeaux, 7 avril 1834, S. 34. II.
258. V. cep. Paris, 11 déc. 1834, S. 35. I. 15.
(4) Cass. civ., 30 juillet 1845, S. 45. I. 311.
(5) Troplong, *Hyp.*, II, n° 643 *bis*.

quer son hypothèque ; mais ce qu'elle reçoit, en vertu de sa collocation sur les biens du mari, elle doit le verser entre les mains des créanciers envers qui elle s'est engagée (1). Que faisait-on de plus en l'autorisant à les subroger dans son hypothèque ? On lui permettait simplement d'augmenter le crédit de son mari. Peut-être son crédit personnel se trouvait-il légèrement atteint, puisque les créanciers, envers qui elle pouvait désormais s'engager dans son propre intérêt, seraient primés par les créanciers du mari, bénéficiaires d'une subrogation. Mais il n'y avait là qu'une considération secondaire, qui ne devait pas influer sur la validité d'un acte présentant des avantages pratiques si considérables. Par la subrogation et la renonciation au profit d'un créancier du mari, la femme augmentait en effet le crédit de celui-ci ; par sa renonciation à son hypothèque sur l'immeuble vendu par lui, elle facilitait les transactions, dont sa fortune immobilière pouvait être l'objet, en rendant inutiles les formalités de la purge. On ne pouvait songer à prohiber ces opérations. Il ne fallait même pas, comme le proposait la Faculté de droit de Paris, dans l'enquête de 1841 sur la réforme du régime hypothécaire, exiger pour leur validité l'autorisation de justice. Tel fut du moins l'avis du législateur de 1855, qui, dans la loi du 23 mars 1855 sur la réforme hypothécaire, consacra en termes formels la validité des subrogations et renonciations, consenties avec la seule autorisation du mari (art. 9). Il intervint d'ailleurs moins pour leur donner la consécration législative, que pour protéger la femme et les tiers contre les fraudes dont elles étaient l'occasion. Par un simple acte sous seing privé, que rien

(1) Orléans, 24 nov. 1848, S. 50. II. 145.

ne portait à la connaissance des tiers, la femme subro-
geait à son hypothèque légale ou y renonçait. L'ordre
entre subrogés se réglait par la date de l'acte contenant
subrogation. Il suffisait que cet acte eût date certaine
conformément à l'article 1328 (1). Rien n'avertissait les
tiers de l'existence de subrogations antérieures. La
fraude était facile. Le législateur de 1855 tenta de l'écarter. L'intérêt des tiers fut sauvegardé par l'organisation
de la publicité des subrogations. Les subrogés successifs viennent dans l'ordre des dates des inscriptions de
l'hypothèque de la femme, requises à leur profit, ou des
mentions de la subrogation en marge de l'inscription
préexistante. — Pour protéger la femme, le législateur
crut nécessaire de lui donner un conseiller éclairé en exigeant que les actes portant subrogation ou renonciation
à son hypothèque légale fussent dressés dans la forme
authentique.

L'application de la loi aux renonciations de la femme
à son hypothèque légale, au profit d'un acquéreur de
l'immeuble du mari, fut contestée. Devaient-elles être
contenues dans un acte authentique? Fallait-il les pu-
blier conformément à l'article 9 de la loi de 1855, ou la
simple transcription de l'acte d'acquisition était-elle
suffisante?

Les auteurs discutèrent (2). La jurisprudence se montra hésitante. Partant de l'idée de protection, elle exigeait
généralement l'authenticité (3). Mais elle varia sur le

(1) Cass., 24 janv. 1838, S. 38. 1. 97 ; — 13 nov. 1854, S. 55. I. 193 ; Troplong, II, n° 608.

(2) Mourlon, *Transcription*, II, n°ˢ 970 et 1105 ; Bertauld, *Subroga-*
tion, n° 93 ; Bufnoir, S. 81. I. 473 ; Labbé, *Rev. crit.*, 1881, p. 139.

(3) Cass., 22 novembre 1880, D. 81. 1. 58, S. 81. I. 473. V. cep. C. d'Orléans, 21 mars 1894, D. 94. I. 529 (note de Loynes).

mode de publicité à donner à la renonciation. Après avoir exigé l'inscription, conformément à l'article 9 (1), elle parut se contenter de la transcription de l'acte d'acquisition (2). Il résultait une incertitude dans les affaires, dont la pratique se plaignait. Deux fois, en 1866 et en 1882, les notaires demandèrent, dans des pétitions aux pouvoirs publics, l'intervention législative. La loi du 13 février 1889 est venue mettre fin à ces controverses. Elle en a malheureusement fait naître de nouvelles.

Aujourd'hui donc les subrogations et renonciations par la femme à son hypothèque légale, au profit de créanciers du mari ou d'acquéreurs de ses immeubles, sont organisées législativement. L'étude de cette importante matière ne peut entrer dans le cadre de ce travail. Nous essaierons seulement de grouper, autour de quelques idées générales, l'économie de la loi, en nous attachant plus spécialement aux cas dans lesquels l'intercession de la femme, sous forme de subrogation ou de renonciation à son hypothèque légale, est permise, et à la protection que le législateur a voulu lui accorder.

§ 1. — Cas où elles sont permises.

69. — Pour pouvoir subroger à son hypothèque légale ou y renoncer, la femme doit avoir la disposition de la créance, dont l'hypothèque garantit la restitution. En général, la femme jouit de ce droit, moyennant l'autorisation du mari ou de justice. Mais nous avons vu qu'elle pouvait se le retirer par contrat de mariage. En pareille

____

(1) Cass., 29 août 1866, D. 67. I.49, S. 67. I.9.
(2) Cass., 5 mai 1890, D. 90. I. 467, S. 90. I. 392 ; Douai, 22 février 1887, S. 88. II. 78 ; Lyon, 6 février 1889, S. 89. II.78.

hypothèse, elle devient incapable d'aliéner ou de compromettre sa dot : c'est dans l'incapacité de subroger à son hypothèque légale, que la théorie de l'inaliénabilité de la dot mobilière a dès le début trouvé sa sanction pratique (1).

C'est seulement en tant que l'hypothèque garantit la restitution de valeurs dotales que la femme n'en peut disposer. Les subrogations et renonciations consenties par une femme dotale ne sont donc pas nulles, mais elles ne peuvent pas compromettre la restitution de la dot. Si la femme a des créances paraphernales, elle peut valablement disposer de l'hypothèque qui garantit leur restitution (2). La subrogation produirait même son effet complet, si la femme dotale ne s'opposait pas à la collocation du subrogé dans les délais fixés par les articles 755 et 756 du Code de procédure (3).

La femme seule peut se prévaloir de la nullité de la subrogation, après la dissolution du mariage. L'article 1560 ne donne ce droit au mari que pendant le mariage. Si donc, après le divorce, un des créanciers subrogés à l'hypothèque légale, garantissant la restitution des créances dotales de la femme, produit à un ordre ouvert sur les biens du mari, et que la femme n'élève aucun contredit contre le règlement provisoire, dans le délai fixé par les articles 755 et 756 du Code de procédure, le mari ne peut demander l'annulation de la subrogation.

---

(1) Cass., 26 mai 1836, S. 36, I-77 ; 6 décembre 1882, D. 83. 1. 219.

(2) Cass. req., 14 nov. 1866, D. 67. I. 58, S. 67. I. 21 ; 6 déc. 1882 précité ; Montpellier, 4 août 1890, D. 91. II. 134 ; Aubry et Rau, III, § 288 *bis* ; Baudry-Lacantinerie et de Loynes, *Nantissement, privilèges et hypothèques*, II, n° 1044.

(3) Cass., 13 avril 1893, D. 94. I.407.

Ses créanciers *a fortiori* n'ont pas ce droit (1), qu'ils ne pourraient même pas exercer pendant le mariage (2).

70. — Dans les cas où la femme peut aliéner ses immeubles dotaux, en vertu de la loi, la subrogation est possible : par exemple, pour tirer son mari de prison (3).

Si c'est le contrat de mariage qui contient la réserve du droit d'aliéner, on décide généralement que cette réserve n'implique pas pour la femme le droit d'hypothéquer (4).

La faculté d'aliéner et d'hypothéquer les biens dotaux, stipulée par contrat de mariage, a-t-elle pour effet de permettre à la femme de renoncer à son hypothèque légale ou d'y subroger ? Les auteurs en général admettent l'affirmative en alléguant que la subrogation ou la renonciation sont des moyens d'aliéner la dot, autorisés par conséquent par le contrat de mariage (5). Nous aimons mieux l'opinion de la jurisprudence qui, dans notre hypothèse, refuse de leur donner effet (6). Il faut remarquer effectivement que la femme, en renonçant à son hypothèque légale ou en y subrogeant, peut compromettre la

(1) Cass., 13 avril 1893, D. 94. I. 407. — Cf. Trib. Saint-Lô, 7 fév. 1890, D. 91. II. 59.

(2) Aubry et Rau, V, § 537, texte et note 22 ; Colmet de Santerre, VI, nº 232 *bis*, v.

(3) Aubry et Rau, V, § 537, texte et n. 130 ; Baudry-Lacantinerie et de Loynes, II, nº 1044 ; Colmet de Santerre, VI, nº 230 *bis*, xi. Cf. Cass. req., 24 oct. 1892, D. 92. I.620.

(4) Cass., 1er avril 1876, S. 76. II.291. Jurisp. constante. *Sic* : Aubry et Rau, V, § 537, texte et notes 60 et suiv. ; Laurent, XXIII, nº 517 ; Guillouard, IV, nº 1943.

(5) Bertauld, *Subrogation*, nº 39 ; Mérignhac, *Contrats relatifs à l'hypothèque légale de la femme mariée*, nº 28 ; Pont, *Privilèges et hypothèques*, I, nº 1453.

(6) Cass., 7 avril 1868, S. 68. I.270 ; — Lyon, 3 fév. 1883, D. 83. II. 112, S. 85. II. 154. *Sic* : Aubry et Rau, V, § 537, texte et n. 65 ; Baudry-Lacantinerie et de Loynes, II, nº 1044 ; Guillouard, IV, nº 1949.

restitution de sa dot d'une façon beaucoup plus grave qu'en aliénant : cela apparaît clairement, si l'on considère qu'après l'aliénation le mari et même les tiers restent responsables du prix, et que la créance de la femme est garantie par une hypothèque légale sur les biens du mari. Que si au contraire la femme renonce ou subroge à son hypothèque, elle sera primée par les créanciers avec qui elle aura fait une pareille convention. Et en perdant son rang, elle pourra perdre sa dot. Il paraît toutefois certain que si la volonté de se réserver la faculté de subroger résultait clairement du contrat de mariage, elle devrait être suivie (1). On n'aurait plus que l'ombre du régime dotal.

Un contrat de mariage portant adoption du régime dotal contenait une clause ainsi conçue : « La future aura la faculté de dégager de son hypothèque légale les biens qui en seront grevés, et de la transporter sur d'autres immeubles ; elle aura même le droit de s'en désister purement et simplement en faveur des tiers qui auraient traité avec le futur ; et si elle refusait de donner le désistement, l'hypothèque pourrait être purgée par les voies légales ordinaires ». La Cour de cassation a jugé que la clause pouvait être interprétée, comme impliquant la faculté pour la femme de subroger les créanciers de son mari dans son hypothèque légale (2).

La clause de reprise d'apport franc et quitte, insérée dans un contrat de mariage contenant stipulation du régime de communauté, ne rend inefficaces la subroga-

(1) Cass., 2 fév. 1870, S. 70. 1. 284. *Sic* les auteurs cités à la p. 124 n. 6. Peu usité dans le notariat ; V. formulaire Defrénois, form. 1276, art. 6, 3ᵉ var. 6°.

(2) Cass., 27 fév. 1894, S. 94. 1. 348. Voir une autre hypothèse dans l'arrêt de Cass., 27 mars 1893, S. 95. I. 34.

tion et la renonciation à l'hypothèque légale, que si elle est opposable aux tiers. On sait que pour cela une manifestation de volonté très claire est exigée (1).

§ 2. — **Forme des subrogations et renonciations.**

71. — « Dans les cas où les femmes peuvent céder leur hypothèque légale ou y renoncer, cette cession ou cette renonciation doit être faite par acte authentique ». Ce sont les termes mêmes de l'article 9 de la loi du 23 mars 1855. Et la loi du 13 février 1889, tranchant les controverses qui s'étaient élevées sur l'application de cette disposition à la renonciation de la femme à son hypothèque légale au profit d'acquéreurs de l'immeuble du mari, décide que « cette renonciation n'est valable et ne produit effet, que si elle est contenue dans un acte authentique ».

Aujourd'hui donc la femme ne peut se dépouiller valablement de son hypothèque légale, au profit d'un créancier du mari ou d'un acquéreur des immeubles de celui-ci, que par acte authentique. Cette exigence s'explique certainement par une pensée de protection pour la femme. On s'est dit que l'assistance d'un notaire protégerait la femme contre la fraude. Il sera pour elle un conseiller éclairé, qui la renseignera sur la portée de l'acte qu'elle accomplit. — Sans vouloir en rien incriminer le dévouement des notaires, il est permis de penser que sur ce point le législateur s'est trompé. Le notaire ne donne généralement de conseils qu'à ceux qui lui en demandent. Et ceux-là s'adressent à lui, que la loi leur

(1) Baudry-Lacantinerie et de Loynes, II, nº 1045.

impose ou non son concours. Il n'entre pas dans sa mission de s'enquérir du but poursuivi par les parties. Ne
connaissant pas le but, il ignore l'utilité que la femme
pourra retirer d'une subrogation, qui peut être indispensable pour la prospérité du patrimoine conjugal, comme
elle peut être ruineuse pour la femme. Ce n'est guère
que dans le monde des petits propriétaires de la cam-
pagne, que le notaire est un véritable conseiller, qui
s'enquiert de l'intérêt qu'ont les parties, à réaliser l'opération qu'elles lui demandent de constater. Et encore à
ce point de vue son rôle va-t-il chaque jour en dimi-
nuant. Or on peut se demander s'il était utile d'imposer
la formalité d'un acte authentique, pour réaliser des
opérations qui souvent portent sur des sommes mini-
mes. N'arrive-t-on pas ainsi à élever les frais à un taux
hors de proportion avec l'importance de l'acte ? M. Léon
Clément, qui combattit très vivement au Sénat l'exigence
de l'authenticité de l'acte portant renonciation de la
femme à son hypothèque légale au profit d'un acquéreur
de l'immeuble du mari, montrait le danger qui pouvait
en résulter. Le nombre des ventes ne diminuera point.
Il faudrait ne pas connaître la passion du petit paysan
pour la terre, pour penser le contraire. Mais en dépit
des prescriptions de la loi, on se passe d'un notaire, et
on s'en passera tous les jours davantage, à mesure que
l'instruction se divulguera. On fait ainsi des actes irré-
guliers, qui sont souvent la source, dans l'avenir, de
procès plus dispendieux encore que les frais de l'authenticité. La ruine en résulte parfois. Il faut revendre
à bas prix la terre si laborieusement remuée et si chè-
rement acquise. Comme il aurait mieux valu ne pas
être protégé !

72. — Quelque opinion qu'on puisse avoir sur l'utilité de l'acte authentique, la loi est formelle pour l'exiger. Il faut donc examiner les conséquences qu'entraîne la nécessité de cette formalité.

L'authenticité est requise, que la subrogation consentie par la femme ou sa renonciation figurent dans l'acte même par lequel le mari s'oblige ou aliène, ou dans un acte postérieur.

Cette exigence est, avons-nous dit, conçue dans un but de protection pour la femme. De là résultent les conséquences suivantes :

1° La procuration donnée par la femme pour consentir ces actes en son nom doit être authentique (1).

2° L'authenticité s'impose, quelle que soit la forme dans laquelle se réalise la subrogation : cession de l'hypothèque, renonciation, cession d'antériorité, etc. Il en sera de même si, au lieu de céder son hypothèque, la femme cède sa créance de reprises. Au fond cette cession équivaut à une subrogation, car elle fait naître une nouvelle créance, garantie par une hypothèque légale, qui prend rang à la date de la cession, mais qui se trouve primée par le cessionnaire. Le résultat ne serait en rien différent, si la femme consentait une simple subrogation. L'observation de l'article 1690 serait donc insuffisante. Si on décidait le contraire, on permettrait trop facilement de tourner la loi (2).

3° La promesse faite par la femme de subroger un créancier du mari dans son hypothèque légale, si elle peut se résoudre en dommages-intérêts, en cas d'inexé-

____

(1) Cass. req., 24 mai 1886, D. 87. I. 222, S. 86. I. 247.

(2) Aubry et Rau, § 288 *bis*, texte et n. 20; Baudry-Lacantinerie et de Loynes, II, n° 1876. — Toulouse, 24 fév. 1892, S. 93. II.105.

cution, ne permet pas au juge de décider que son jugement tiendra lieu de la subrogation. Si en effet on permet généralement à un tribunal d'ordonner qu'au cas
où sa décision n'aurait pas reçu exécution dans un délai déterminé, son jugement en tiendra, lieu, on admet
aussi qu'il ne lui appartient pas de donner effet aux engagements inopérants à raison de l'inobservation des
formes exigées par la loi (1). Or, tel est bien notre cas.
La femme, qui s'est engagée par acte sous seing privé à
subroger dans son hypothèque légale, est considérée
comme insuffisamment protégée (2).

4° C'est encore en nous inspirant de l'idée de protection qui a guidé le législateur, que nous résoudrons la
question de savoir si la femme peut invoquer la nullité
résultant du défaut d'authenticité. Cette nullité s'impose
en présence des termes impératifs de la loi de 1855 (3)
et surtout de la loi du 13 février 1889. Mais à qui appartient l'action en nullité ?

Les créanciers subrogés à une date postérieure à celle
de l'acte irrégulier peuvent l'exercer, ce n'est pas douteux.

Les créanciers chirographaires de la femme ont-ils le
même droit ? Il faut le leur donner, si la subrogation ou
la renonciation ont eu lieu au profit d'autres créanciers.
Mais il paraît difficile de le leur accorder à l'encontre
des acquéreurs d'un immeuble du mari. La raison de
distinguer, c'est que les aliénations sont opposables aux
créanciers chirographaires, dès qu'elles ont date certaine.

(1) Cass., 5 nov. 1860, D. 61, 1-301. Cf. Demolombe, XXIV, n°s 488
et suiv.
(2) Paris, 14 déc. 1893, *Pand. fr.*, 95, II-157.
(3) Cass., 22 novembre 1880, D. 81, I-58, S. 81, 1-473.

Les constitutions d'hypothèque (et la subrogation n'est peut-être que l'hypothèque d'une hypothèque) doivent au contraire, pour leur être opposables, réunir les conditions de validité prescrites par la loi.

Accordera-t-on l'action en nullité à la femme? Quelques auteurs (1) la lui ont refusée, en alléguant que l'authenticité était requise dans l'intérêt des tiers. La Cour de Nancy paraît avoir consacré cette doctrine, sans motiver sa décision, dans l'espèce suivante. Un mari embarrassé demande à ses créanciers de lui consentir un délai de deux ans pour liquider ses affaires. Pour obtenir leur adhésion, la femme s'engage à ne pas former de demande en séparation, et à ne pas se porter créancière de la liquidation au cas où l'atermoiement recevrait son exécution. Les deux ans se passent. Le mari dépose son bilan. La femme produit à la faillite. Les créanciers du mari lui opposent sa renonciation. Le tribunal de Vouziers consacre leur prétention. En appel la femme invoque la nullité de sa renonciation, comme manquant du caractère d'authenticité, requis par l'article 9 de la loi du 23 mars 1855. La Cour de Nancy, sans discuter l'argument, confirme le jugement du tribunal. La Cour suprême a cassé cette décision pour défaut de motifs sans statuer au fond (2).

L'arrêt nous paraît contenir une double erreur : d'abord, en ce qu'il a admis la validité de la renonciation de la femme, même à l'égard des créanciers à venir : ce qui pèche contre la règle de la spécialité de l'autorisation maritale ; et, en second lieu, en ce qu'il n'a pas tenu

______

(1) Thézard, n° 112 ; Pont, *Priv. et hyp.*, I, n° 467.
(2) Cass., 11 juin 1890, D. 91, I-35 avec l'arrêt de Nancy et le jugement de Vouziers.

compte de l'argument invoqué par l'appelante, qui fondait son action en nullité sur le défaut d'authenticité. Le but certain, maintes fois avoué, du législateur a été de protéger la femme. L'authenticité a été requise dans son intérêt. Le défaut d'authenticité doit lui permettre d'agir en nullité. C'est ce qu'avait admis la Cour de cassation dans un arrêt du 22 novembre 1880 (1).

Une objection se présente pourtant à l'esprit. Quel intérêt la femme a-t-elle à invoquer le défaut d'authenticité ? Le plus souvent elle s'engage personnellement, en même temps qu'elle subroge ou renonce à son hypothèque légale. Dès lors, si elle oppose au créancier ou à l'acquéreur le défaut d'authenticité pour exercer à leur préjudice l'hypothèque qu'elle prétend avoir conservée, elle restera tenue envers eux d'une action personnelle qui l'obligera à verser entre leurs mains le montant de la collocation obtenue (2). Quel bénéfice retirera-t-elle de son action ? L'objection est certainement très grave, et montre que l'authenticité est moins protectrice que ne l'a pensé le législateur. Mais il n'en est pas moins vrai qu'il reste des cas où la femme a intérêt à se prévaloir du défaut d'authenticité. Il peut arriver d'abord qu'elle ne soit pas tenue personnellement (il en était ainsi dans l'espèce soumise à la Cour de Nancy), et alors l'objection s'évanouit. Mais fût-elle tenue personnellement, son intérêt à invoquer la nullité persiste cependant : si en effet elle fait tomber la subrogation ou la renonciation, elle garde son hypothèque intacte et peut en tirer parti pour augmenter son crédit, en subrogeant des créanciers nouveaux dans le bénéfice de

____

(1) S. 81, 1-473, note Bufnoir.
(2) Cf. Cass., 30 juillet 1895, P. fr., 96, 1-128.

son hypothèque légale (1). C'est la solution qui a été défendue dans les travaux préparatoires de la loi de 1889 par le rapporteur du Sénat, M. Trarieux.

Une observation importante vient d'ailleurs limiter encore l'intérêt de la femme à invoquer la nullité. Si elle est commune en biens, et qu'elle ne renonce pas à la communauté, elle n'est pas recevable dans son action en nullité (2).

73. — Les subrogations ou renonciations doivent figurer dans un acte authentique. Mais il n'est pas nécessaire qu'elles soient conçues en termes sacramentels. Elles peuvent même être tacites.

Quand elles interviennent au profit d'un créancier, elles peuvent s'induire de toutes circonstances manifestant d'une façon certaine la volonté de la femme. Tel est le principe posé par la Cour de cassation (3). On en trouve l'application dans de nombreuses décisions judiciaires, que nous ne croyons pas utile d'examiner (4).

Le législateur de 1889 a jugé dangereux cet arbitraire du juge : dangereux pour les tiers, qui peuvent traiter dans la pensée qu'aucune subrogation ne leur est opposable et qui, s'ils négligent de remplir les formalités de publicité prescrites par la loi, en verront peut être se manifester avant qu'eux-mêmes aient publié ; dangereux aussi pour la femme, qui ne comprend pas toujours la portée de son intervention. Aussi, pour appeler son attention sur la portée de son acte, le législateur ne

---

(1) Aubry et Rau, III, § 288 *bis*, texte et n. 19 ; Bertauld, n⁰ˢ 81 et 82 ; Baudry-Lacantinerie et de Loynes, II, n° 1082 ; Bufnoir, S. 81, I-473.

(2) Baudry-Lacantinerie et de Loynes, II, n° 1007.

(3) Cass., 2 juin 1893, S. 96, I-38.

(4) Voir les références dans Baudry-Lacantinerie et de Loynes, II, p. 157.

fait résulter sa renonciation tacite à son hypothèque au
profit d'un acquéreur de l'immeuble du mari que de son
intervention dans l'acte d'aliénation, à titre de coven-
deresse, garante ou caution (nouvel art. 9, al. 5). L'intention de renoncer, fût-elle certaine, ne pourra pas résulter d'autres circonstances (1). Le notaire, rédacteur
de l'acte, devra donc, avant d'y faire figurer la femme,
en l'une des qualités ci-dessus, lui faire remarquer la
portée de son engagement. Tel paraît être le vœu du
législateur. Mais, comme il a négligé d'en imposer l'observation, le notaire s'abstient généralement de s'y
conformer. La clause stipulant la garantie solidaire de
la femme est à peu près de style.

Il importe peu, d'ailleurs, que la femme se porte garante ou caution de la vente, dans l'acte même d'aliénation ou dans un acte postérieur. Sa renonciation est présumée aussi bien dans le second cas que dans le premier :
il n'y a pas de raison de distinguer. Mais la présomption n'est pas irréfragable. On concevrait que la femme
qui s'engage en l'une des qualités précédemment énu-
mérées, réservât expressément son hypothèque (2), ou
même que cette réserve résultât des circonstances (3).
Ce sera certainement rare en pratique. L'acquéreur, qui
demande la garantie de la femme, a surtout pour but
d'affranchir l'immeuble qu'il acquiert de l'hypothèque
légale qui le grève, sans recourir aux formalités de la
purge. Que si, par extraordinaire, la femme avait fait
une réserve de cette nature, elle ne pourrait pas exercer

---

(1) César Bru, *Renonc. de la femme à son hyp. lég. au profit d'un
acq. de l'immeuble du mari.* p. 57 ; Didier, *Étude sur la loi du 13 fév.*
1889, p. 17 ; Tissier, *Rev. crit.*, 1889, p. 643.

(2) César Bru, *op. cit.*, p. 64.

(3) Didier, *op. cit.*, p. 17.

personnellement son action hypothécaire, puisque son obligation personnelle permettrait à l'acquéreur de lui opposer l'exception de garantie. Mais les créanciers qu'elle subrogerait à son hypothèque légale, et qui rempliraient les formalités de publicité prescrites par l'article 9, seraient recevables à poursuivre le tiers acquéreur.

74. — L'authenticité est la seule formalité protectrice de l'intérêt de la femme. Il importe peu que celle-ci soit ou non intéressée à l'acquittement de l'obligation du mari. Jamais l'article 2144 ne doit être appliqué, dès qu'il s'agit d'une subrogation consentie à un tiers ou d'une renonciation à son profit. C'est ce qu'a décidé récemment encore la Cour de cassation dans une hypothèse, où il s'agissait d'une femme séparée de biens subrogeant un tiers dans son hypothèque légale (1).

§ 3. — Publicité.

75. — Les subrogations et renonciations doivent être rendues publiques pour être opposables aux tiers. La publicité n'étant pas requise dans l'intérêt de la femme, nous en résumerons brièvement les règles.

C'est en 1855 qu'elle a été prescrite. Jusque-là les subrogations étaient opposables aux tiers dès qu'elles avaient date certaine (cf. *suprà*, n° 68). L'article 9 de la loi de 1855 décida que les cessionnaires de l'hypothèque légale « ne sont saisis, à l'égard des tiers, que par l'inscription de cette hypothèque prise à leur profit, ou par la mention de la subrogation en marge de l'inscription préexistante ». Cette disposition s'appliquait-elle aux

____

(1) Cass., 28 novembre 1892, *Pand. fr.*, 93, 1-321.

renonciations de la femme à son hypothèque légale au profit d'un acquéreur de l'immeuble du mari ? Ou la transcription de l'acte d'acquisition était-elle suffisante ? Le législateur de 1889 a tranché la controverse, qui s'était élevée sur ce point, en décidant que la transcription de l'acte d'aliénation suffit, si la renonciation y est contenue, et que, si cette renonciation a été consentie par acte postérieur, il devra en être fait mention en marge de la transcription. Désormais donc, pour être pleinement renseigné sur la consistance de l'hypothèque légale de la femme, on est obligé de consulter le registre des inscriptions hypothécaires et celui des transcriptions.

La loi de 1889 organise complètement la publicité imposée à l'acquéreur de l'immeuble du mari. C'est donc cette loi qui doit être observée, alors même que la renonciation n'est pas purement extinctive, comme cela arrive généralement, mais transfère en outre le droit de préférence : ce qui se produit, quand il y a des créanciers inscrits sur l'immeuble et postérieurs en rang à la femme.

La sanction du défaut de publicité consiste dans le droit des tiers de se prévaloir de l'inefficacité, à leur égard, de la subrogation ou de la renonciation qui n'a pas été publiée conformément à la loi. La femme est désintéressée dans ces contestations qui s'élèvent entre ses ayants cause. Nous n'en dirons rien.

§ 4. — Effets de la subrogation et de la renonciation.

76. — Les effets de la subrogation ou de la renonciation à son hypothèque légale, consentis par la femme, sont limités par la volonté des parties, exprimée ou sous-entendue.

Le créancier du mari, qui demande à la femme de le subroger à son hypothèque légale ou d'y renoncer à son profit, a intérêt à pouvoir l'exercer à l'encontre des créanciers hypothécaires du mari, postérieurs en rang à la femme. On lui accorde ce droit. Si cependant il s'est contenté d'une simple promesse d'abstention, il n'est pas investi de l'hypothèque de la femme, et ne peut que s'opposer à ce que celle-ci soit colloquée avant lui. Il en est de même, s'il n'a obtenu qu'une cession d'antériorité. A un autre point de vue, il importe de savoir s'il a été fait une subrogation pure et simple, ou une cession d'antériorité, ou une promesse d'abstention, car, dans le premier cas, l'opération produit son effet, même si l'hypothèque conventionnelle consentie par le mari est annulée, au lieu que, dans les autres, elle reste inefficace, si cette éventualité se produit. Il appartient au juge d'apprécier souverainement la nature de l'opération accomplie. C'est ce qu'a toujours jugé la Cour de cassation, notamment dans un arrêt récent du 2 juin 1893 (1).

77. — L'acquéreur de l'immeuble du mari, qui obtient la renonciation de la femme à son hypothèque légale sur cet immeuble, peut n'avoir aucun intérêt à être subrogé. C'est ce qui arrive quand il n'y a aucun créancier ayant sur l'immeuble une hypothèque postérieure en rang à celle de la femme. La renonciation est alors purement abdicative. Mais s'il en existe, il importe à l'acquéreur de pouvoir invoquer contre eux l'hypothè-

(1) D. 94, I-35.

que de la femme. Aussi la loi l'investit de cette hypothèque, par une saine interprétation de la volonté des
parties.

Cet effet translatif ne résulte pas directement de la
renonciation, qui n'éteint que le droit de suite. La renonciation vaut purge, dit la loi (1). La femme garde son
droit de préférence sur le prix. Elle ne le perd, parce
qu'il cesse de lui être utile, que si elle consent à ce que
le prix soit payé. C'est à ce moment que l'effet investitif se produit, si le tiers a intérêt à acquérir le droit de
préférence perdu par la femme : ce qui arrive, avons-
nous dit, s'il y a des créanciers hypothécaires postérieurs en rang à la femme. S'ils poursuivent la revente
de l'immeuble, l'acquéreur se fera en effet colloquer sur
le prix au rang de la femme.

C'est par son concours à la quittance du prix, que la
femme perd son droit de préférence. Avant la loi de 1889,
le mari avait la libre disposition du prix de son immeuble. Le droit de préférence conservé par la femme était
donc à la merci du mari. La loi nouvelle rend l'acquéreur comptable du prix envers la femme. Il ne peut
s'acquitter valablement qu'en obtenant son adhésion.
Le législateur a-t-il pris soin de la protéger contre l'influence du mari intéressé à obtenir ce consentement?
Non : il y a sur ce point un défaut d'harmonie dans la
loi. La participation de la femme à la quittance du prix,
même sous seing privé, emporte renonciation à son
droit de préférence.

On a cependant proposé de distinguer, selon que cette
renonciation est purement abdicative ou translative du

____

(1) Cette formule est d'ailleurs en partie inexacte. Baudry-Lacantinerie et de Loynes, II, n° 1142.

droit de préférence, pour exiger l'authenticité dans le second cas. On s'appuie pour le décider ainsi sur la nécessité, où se trouve l'acquéreur, qui veut rendre son droit opposable aux tiers, de faire inscrire sa subrogation conformément au premier alinéa de l'article 9. Mais le besoin de protection pour la femme est le même dans les deux cas. La loi n'ayant nulle part imposé l'authenticité, il est impossible de suppléer à son silence. Peut-être le législateur a-t-il considéré que l'abus d'autorité du mari était moins à redouter que lorsqu'il s'agit d'une subrogation ou d'une renonciation, qui n'emporte pas d'effet immédiat, la femme se rendant généralement compte de la portée d'un payement, auquel elle participe. Peut-être aussi a-t-il redouté à juste titre l'augmentation des frais, qui résulterait de la nécessité d'un second acte authentique, toutes les fois que la quittance du prix serait postérieure à l'acte d'aliénation (1).

78. — Le bénéficiaire de la subrogation ou de la renonciation translatives acquiert un droit subordonné, quant à son existence et quant à son étendue, à l'existence et à l'étendue de la créance de la femme contre son mari. Ce droit reste, même entre les mains du subrogé, l'accessoire de la créance de la femme. Il en résulte d'intéressantes conséquences, dont l'examen se trouve dans tous les auteurs, auxquels nous nous bornons à renvoyer (2). Nous en signalons seulement une dont il a été fait application récemment par la Cour de cassation (3). Une femme s'engage solidairement avec son

----

(1) Baudry-Lacantinerie et de Loynes, II, n° 1153 ; César-Bru, *op. cit.*, p. 150 ; Didier, *op. cit.*, p. 33 ; Tissier, *loc. cit.*, p. 652.

(2) Aubry et Rau, III, § 288 *bis*, texte et notes 32 et suiv. ; Baudry-Lacantinerie et de Loynes, II, n°s 1112 et suiv.

(3) Cass., 8 août 1894, D. 95, 1-235.

mari envers un créancier de celui-ci, et le subroge dans son hypothèque légale. A sa mort, elle n'a d'autres causes de reprises que la créance d'indemnité née de son obligation solidaire (art. 1431). Elle laisse pour unique héritier son mari. Sa créance est éteinte par confusion. Le créancier ne peut donc invoquer la subrogation qui lui avait été consentie.

79. — Entre subrogés, l'ordre se règle par la date des inscriptions ou mentions de la subrogation.

Il peut arriver que la subrogation ait été restreinte à certains immeubles du mari. C'est ce qui se produira notamment dans les cas où le mari constituant une hypothèque au profit d'un de ses créanciers, la femme intervient à l'acte sans subroger à son hypothèque légale. La subrogation ne s'en produit pas moins au profit du créancier sur l'immeuble affecté spécialement à sa créance. Il est possible que plusieurs créanciers soient dans cette situation. Comment se réglera entr'eux l'ordre de préférence ? La question ne paraît pas susceptible de se poser, puisque leur droit porte sur des immeubles différents. Le conflit est cependant possible. Il suffit, pour lui donner naissance, de supposer que la somme des créances des subrogés dépasse la créance de la femme. Par application de la règle que leur droit n'est que l'accessoire de cette créance, ils ne peuvent entr'eux tous exercer l'hypothèque que dans la mesure où la femme le pourrait elle-même. Va-t-on sacrifier quelqu'un d'entr'eux ? Où viendront-ils tous au marc le franc ? C'est la première solution qui doit être admise. La femme qui a une première fois disposé de son hypothèque ne doit plus pouvoir en disposer au détriment du premier subrogé. L'équité le commande. Et les termes de l'article 9, sans imposer cette solution, ne la contredisent pas. On déterminera donc le droit des subrogés par la date des inscriptions qu'ils auront prises. En pratique, ce système conduira à des collocations éventuelles des subrogés postérieurs, lorsque le prix de l'immeuble qui lui était spécialement affecté, sera mis en distribution.

Peut-être la solution, que nous venons de donner en termes généraux, est-elle spécialement consacrée dans une hypothèse prévue par le dernier alinéa du nouvel article 9 de la loi de 1855, tel qu'il a été modifié par la loi du 13 février 1889. L'acquéreur d'un immeuble du mari qui paie son prix, du consentement de la femme, est subrogé à son hypothèque, vis-à-vis des créanciers hypothécaires postérieurs. C'est la disposition très précise de la première partie de notre alinéa. La suite du texte est ainsi conçue : « Mais cette subrogation ne pourra préjudicier aux tiers, qui deviendraient cessionnaires de l'hypothèque légale de la femme sur d'autres immeubles du mari, à moins que l'acquéreur ne se soit conformé aux prescriptions du paragraphe 1er du présent article ». Voici quelle paraît être l'hypothèse prévue par ce texte. La femme a subrogé des créanciers dans son hypothèque légale sur d'autres immeubles du mari. Ils n'ont pas fait inscrire ou mentionner leur subrogation. L'acquéreur, qui se conformera à l'alinéa 1 de notre article 9, pourra se prévaloir de la priorité de son rang, pour exercer sur son immeuble remis en vente le droit hypothécaire de la femme, en supposant que la créance de celle-ci soit inférieure au total des créances des subrogés. Il n'est pas nécessaire de supposer que le tiers acquéreur a obtenu une subrogation à l'hypothèque légale de la femme sur d'autres immeubles restés dans

le patrimoine du mari ; le texte dans sa première partie
ne parle que d'une subrogation sur l'immeuble vendu.
Que si les subrogés à l'hypothèque de la femme, postérieurs à l'aliénation, se sont conformés à l'alinéa 1 de
l'article 9 avant l'acquéreur bénéficiaire de la subrogation, ils pourront intervenir, si le prix de l'immeuble
vendu est mis en distribution, non pas pour exercer le
droit hypothécaire de la femme (ils n'ont pas été subrogés sur cet immeuble déjà sorti du patrimoine du mari),
mais pour empêcher l'acquéreur d'exercer l'hypothèque
de la femme de manière à épuiser sa créance : ce qui les
empêcherait de pouvoir eux-mêmes invoquer leur subrogation, lorsque le prix de l'immeuble sur lequel ils sont
subrogés sera distribué (1).

C'est une application de ces règles que nous trouvons
dans un récent arrêt de la Cour de cassation (2) : « Attendu, dit-elle, que vainement le demandeur prétend qu'il
y avait lieu de défalquer du chiffre des reprises de la
dame C..., le montant des collocations obtenues par
d'autres créanciers dans deux ordres ouverts sur le
prix d'autres immeubles ; qu'il est constant que les
créanciers hypothécaires de la dame C..., qui ont été
colloqués dans ces deux ordres, avaient bénéficié de subrogations consenties par ladite dame, postérieurement
à celles dont se prévalent les défendeurs éventuels ; ....
que c'est, dès lors, à bon droit, que l'arrêt attaqué a décidé que les droits desdits défendeurs éventuels ne sauraient être atteints par des subrogations que leur débi-

____

(1) Baudry-Lacantinerie et de Loynes, II, n°⁵ 1127 et suiv., et de Loynes, note au D. 96, 1-113.
(2) Cass., 11 juillet 1894, D. 96,1-113, note de Loynes, et *Pand. fr.*,
95,1-1, note Bouvier-Bangillon.

trice a consenties postérieurement à celle qu'ils avaient obtenue d'elle et dont ils avaient dûment conservé le bénéfice ».

80. — Sur ce point l'arrêt nous paraît irréprochable Mais on y a vu (1) l'affirmation d'une autre doctrine qui nous paraîtrait difficile d'admettre : la voici.

La femme a subrogé successivement deux créanciers du mari dans son hypothèque légale. Le premier subrogé ne remplit pas les formalités de publicité déterminées par l'article 9 de la loi de 1855. Le second au contraire s'y conforme. Le mari tombe en faillite. Les deux subrogés produisent à l'ordre. Lequel des deux sera préféré ? Le second, ce n'est pas douteux. Il pourra faire valoir sa créance, au rang de l'hypothèque légale de la femme, pour le montant des reprises que celle-ci peut exercer contre le mari. Mais a-t-il aussi le droit, si ces reprises sont inférieures à sa propre créance, de les augmenter de la créance d'indemnité née au profit de la femme à raison de son engagement envers le premier subrogé ? C'est ce que paraît admettre la Cour de cassation, bien que la rédaction de l'arrêt manque un peu de netteté. C'est ce qu'avaient certainement admis la Cour d'Amiens dans l'arrêt qui était déféré à la Cour suprême, et la Cour d'Agen dans un arrêt du 20 mars 1889 (2). Mais la Cour de Douai avait donné une solution contraire le 12 février 1891 (3).

C'est la Cour de Douai qui nous paraît avoir raison dans ce débat. Voici les arguments qui déterminent notre conviction.

(1) Bouvier-Baugillon, *loc. cit.*
(2) D. 90,II-143.
(3) D. 93,II-181, note Planiol.

Lorsque le créancier se présente à l'ordre ouvert sur
le prix des biens de son débiteur, on ne peut y admettre
en même temps la caution (1). Il ne faut pas que la
même dette figure deux fois dans le passif du débiteur.
L'article 543 du Code fait application de cette doctrine en
matière de faillite. En ouvrant à la caution un recours
anticipé, l'article 2032 ne peut avoir pour effet de lui donner un droit préférable à celui du créancier envers qui
elle s'est engagée. La femme coobligée solidaire du mari,
et réputée sa caution, ne saurait être traitée différem-
ment. « Il serait inique, dit exactement la Cour de Douai,
de faire prévaloir la créance de la femme contre celle du
créancier cautionné, de telle façon que, au cas d'insuf-
fisance des fonds, l'action de la caution qui n'a rien payé
eût précisément pour résultat d'empêcher celui qu'elle
a garanti d'être payé par le débiteur principal ». Et elle
ajoute, avec non moins de raison, qu'il est inadmissible
que la précaution prise par le créancier, de s'assurer la garantie solidaire de la femme, devienne pour lui une cause
de ruine.

Or, la femme ne peut pas transmettre aux créanciers
subrogés postérieurement un droit qu'elle n'a pas. On
va peut-être objecter qu'un vendeur transmet bien au
second acquéreur d'un immeuble, déjà vendu à une personne qui n'a pas transcrit, un droit qu'il n'a pas. Mais
il est facile de répondre que jusqu'à la transcription le
vendeur reste propriétaire à l'égard des tiers. S'il ne l'é-
tait pas, le second acheteur n'acquerrait rien. Or précisément la femme est sans droit *erga omnes*, tant qu'elle
n'a pas subi de préjudice. Peut-on concevoir qu'elle

____

(1) Laurent, XXVIII, n° 253. — Cass., 26 juin 1855, D. 55, 1-275; Cass.,
22 août 1876, S. 77, 1-54.

se cause elle-même ce préjudice, en empêchant son créancier de produire utilement?

Enfin si on admettait la doctrine opposée, on arriverait à cette solution déraisonnable, que du moment où une femme aurait consenti une subrogation à un créancier du mari, qui aurait rempli les formalités de publicité requises, les subrogés postérieurs seraient primés par lui, même à raison de la créance d'indemnité que l'engagement de la femme envers eux aurait fait naître au profit de celle-ci, puisqu'il aurait toujours publié le premier sa subrogation. Il arriverait ainsi que l'obligation solidaire de la femme, loin de leur profiter, leur porterait préjudice, en augmentant les droits du premier subrogé. Qui ne voit les dangers d'un pareil système? La subrogation à l'hypothèque légale de la femme, destinée à augmenter le crédit du mari ne remplirait plus son but.

Nous concluons donc que le subrogé qui n'a pas publié la subrogation, ou tout autre créancier du mari, envers qui la femme se sera obligée, ne peut se voir opposer par les autres subrogés, qui se sont conformés aux formalités de publicité prescrites par la loi, l'hypothèque légale de la femme à raison de la créance d'indemnité née de l'engagement qu'elle a contracté envers lui. La femme, en qualité de caution, ne pouvant produire en même temps que lui, ses subrogés n'ont pas plus de droit qu'elle (1).

81. — Quel est, à l'égard de la femme, l'effet des subrogations et renonciations qu'elle a consenties?

On pourrait croire qu'elle perd toujours, jusqu'à con-

(1) Cf. sur cette intéressante question les notes précitées de MM. Bouvier-Bangillon, de Loynes et Planiol.

currence de la créance du subrogé, le droit d'exercer son
hypothèque légale ou même sa créance, si c'est une cession de créance, qui a été faite. C'est bien en effet ce
qui se produit, lorsque la subrogation ou la renonciation sont intervenues au profit d'une personne qui n'a-
vait pas le mari pour débiteur. Mais lorsque (et c'est la
seule hypothèse que nous ayons à envisager) ces opérations interviennent au profit d'un créancier du mari ou
d'un acquéreur d'immeubles lui appartenant, la femme
acquiert au jour de l'acte une créance d'indemnité et
cette créance est garantie par une hypothèque prenant
rang à cette date (1).

Ajoutons que la femme se trouve subrogée aux droits
du créancier, à qui elle a consenti la cession de son hypothèque légale, si c'est grâce à cette cession qu'il a pu
être payé. L'article 1250-3° commande cette solution.
Dans la distribution du prix des biens du mari, elle
pourra donc, en cette qualité, se faire colloquer au rang
de l'hypothèque conventionnelle constituée au créancier. C'est une faculté dont elle usera rarement, puisque
l'hypothèque légale qu'elle acquiert date de la subrogation qu'elle a consentie, au lieu que l'hypothèque conventionnelle ne prend rang que du jour de son inscription, généralement postérieure à cette subrogation. Pour
qu'elle eût intérêt à faire valoir l'hypothèque du créancier qu'elle a subrogé dans ses droits, il faudrait que la
subrogation intervînt postérieurement à la constitution
d'hypothèque et à son inscription (2).

En définitive, ce que perd la femme qui consent une

____

(1) Cass., 11 fév. 1867, S. 67, I-101, D. 67, I-465 (note Beudant).
(2) Cf. Aubry et Rau, V, § 288 *bis*-5° ; Baudry-Lacantinerie et de Loynes, II, n° 1135, Cass. req., 30 déc. 1844, D. 45, I-72, S. 45, I-367.

subrogation ou une renonciation à son hypothèque légale, au profit d'un créancier du mari, c'est seulement
son rang. Aussi, pour elle, cession d'antériorité, renonciation à son hypothèque, promesse d'abstention, ou
même cession de créance, produisent-elles le même effet.

Lorsque la femme renonce à son hypothèque légale
au profit d'un acquéreur de l'immeuble du mari, l'étendue de son gage se trouve diminuée, lorsque, par son
consentement au payement du prix, elle sacrifie le droit
de préférence que la loi lui conserve. Cette diminution
de son gage pourra lui causer préjudice, si, au jour de
la liquidation de ses reprises, les immeubles restés dans
le patrimoine du mari sont insuffisants pour la couvrir
de ses créances contre lui. Mais on ne voit pas comment
la créance, née du préjudice qu'elle éprouve, pourrait
être utilement garantie par une hypothèque efficace.

SECTION IV. — DE LA CRÉANCE D'INDEMNITÉ DE LA FEMME A
RAISON DE SON INTERCESSION, ET DE L'HYPOTHÈQUE LÉGALE QUI
LA GARANTIT.

82. — Chaque fois que la femme intercède pour son
mari, elle acquiert contre lui une créance d'indemnité.
Le droit commun suffit à la légitimer. Mais dans sa sollicitude pour les intérêts de la femme, le législateur lui
a facilité la preuve de son recours, en édictant les articles 1431 et 1450, précédemment expliqués. Et l'acte authentique, qui doit constater les subrogations et renonciations de la femme à son hypothèque légale, sera, en

même temps qu'une garantie contre l'abus d'autorité du mari, un moyen facile pour la femme de prouver son droit.

Ce n'était pas assez de faciliter les moyens de preuve à la femme. Le mari peut être insolvable. Pour parer dans la mesure du possible à cette éventualité, le législateur a donné à la femme une hypothèque, qui, aux termes de l'article 2135-2°, alinéa 3, lui garantit l'indemnité des dettes contractées avec son mari et le remploi de ses propres aliénés.

Il y a un lien certain entre la faculté donnée à la femme d'intercéder pour son mari, substituée à l'ancienne incapacité velléienne, et l'hypothèque légale concédée à la femme intercédante. C'est pour pallier à l'abus possible d'influence maritale, que le législateur lui a donné une garantie, qui souvent lui permettra de sortir indemne d'une opération sans profit pour elle. Elle n'aurait que bien rarement demandé au mari, pour qui elle intervient, une constitution d'hypothèque garantissant son recours : la loi a sous-entendu cette constitution. Et, conformément au système de notre Code, l'hypothèque donnée dans ce cas à la femme est générale et occulte. Obliger la femme à inscrire son hypothèque eût été, dit-on, lui enlever d'une main ce qu'on lui donnait de l'autre. L'influence du mari qu'on redoute se serait exercée aussi bien pour empêcher l'inscription, que pour décider la femme à s'engager pour lui.

Avant d'examiner les difficultés spéciales que fait naître cette hypothèque, nous allons en quelques mots rechercher comment, et à quelle époque, la créance acquise par la femme peut être ramenée à exécution.

§ 1. — Liquidation de la créance d'indemnité
de la femme.

83. — La créance d'indemnité de la femme résultant de son intercession au profit du mari, s'exerce en même temps que ses autres reprises. Toutes réunies, elles forment un compte unique et indivisible (1).

Normalement c'est à la dissolution du régime que s'opère la liquidation. La femme intercédante jouit pour la preuve de son intercession de faveurs spéciales, dont nous avons déjà parlé en expliquant les articles 1431 et 1450.

84. — La liquidation peut aussi se faire avant l'époque normale, où elle se produit d'ordinaire. C'est ce qui arrive en cas de séparation de biens, ou lorsque le mari tombe en faillite ou en déconfiture. En pareille hypothèse, la femme intercédante peut faire valoir sa créance d'indemnité, même avant d'avoir payé le créancier, envers qui elle s'est engagée. L'article 2032 lui est applicable. Il est même admis que le recours de la femme peut s'exercer avant toute poursuite en justice, malgré les termes de l'article 2032-1° (2).

L'application de l'article 2032 fait naître une difficulté que les auteurs ne prévoient généralement pas. Le recours de la femme, lorsqu'il y a séparation de biens, faillite ou déconfiture du mari, se justifie aisément. L'ar-

(1) V. une conséquence de cette règle dans Cass., 3 mars 1891, S. 92, I-190 ; Besançon, 22 juillet 1891, S. 94, II-114 ; Cf. Guillouard, *Contrat de mariage*, II, n° 977 ; Laurent, XXII, n° 488.

(2) Cass., 24 mai 1864, S. 69,1-345 ; 26 janv. 1875, D. 75,1-52 ; 22 août 1876, S. 77,1-54 ; 11 juillet 1894, D. 96,1-113.

ticle 2032 s'appliquera aussi *in terminis*, dès que le
mariage sera dissous. Mais avant sa dissolution, avant
la séparation de biens, avant la faillite ou la déconfiture
du mari, peut-on admettre que la femme fasse valoir les
droits que l'article 2032 confère à la caution? La question se rattache à celle beaucoup plus générale de l'exécution volontaire ou forcée des conventions entre époux.
Cette exécution est-elle possible pendant le mariage et
avant l'arrivée des événements dont nous avons parlé?

Il paraît difficile de le nier, lorsqu'il existe entre les
époux une séparation de biens contractuelle, ou lorsque,
sous le régime dotal, la femme demande l'exécution de
conventions qui ne concernent pas les biens dotaux. On
oppose cependant l'article 2253, aux termes duquel la
prescription ne court pas entre époux. Pourquoi, dit-on,
suspendre la prescription, si l'exécution forcée était possible? A l'objection il nous paraît facile de répondre, que
la suspension de prescription, édictée par l'article 2253,
repose moins sur l'impossibilité légale, où sont les époux
d'agir l'un contre l'autre, que sur des motifs de conve-
nance. Pour éviter le froissement inévitable qui résulterait de l'exercice d'actions d'un époux contre l'autre,
on les a fait bénéficier d'une suspension de prescription;
on ne leur a pas interdit d'agir.

Mais quand le mari a l'administration et la jouissance
des biens de sa femme, c'est-à-dire sous le régime de
communauté, sous le régime sans communauté et sous
le régime dotal, la femme n'a pas l'exercice de ses actions (art. 1428, 1530 et 1549). Elle ne peut donc pas agir
contre son mari (1). Pour le régime dotal l'article 1549

______

(1) Demolombe, IV, n° 245.

est très explicite pour conférer au mari seul l'exercice des actions de la femme. Sous le régime de communauté, l'article 1428 n'est pas exclusif du droit de la femme d'exercer les actions mobilières, qu'il permet au mari d'exercer seul, c'est-à-dire sans l'assistance de la femme ; mais comme celui-ci a l'administration des biens propres de sa femme, il n'y aurait pour elle aucune utilité à obtenir l'exécution des obligations du mari.

L'utilité existe cependant, quand la créance n'est pas productive d'intérêts : elle ne le devient que par l'action en justice. Il semble difficile, de refuser à la femme le droit de faire courir les intérêts. Laurent est cependant à peu près seul à défendre cette doctrine (1). Il faut, d'ailleurs, lui donner une précision que cet auteur a omis d'indiquer. Il semblerait à le lire, que l'époux qui a agi en justice pendant le mariage pourra réclamer les intérêts de sa créance à partir de cette date. Or cela est contraire à la règle d'après laquelle les fruits et intérêts des créances des époux tombent en communauté (article 1401-2°). En définitive l'époux débiteur, le mari dans notre hypothèse, ne supportera que la moitié des intérêts de sa dette jusqu'à la dissolution de la communauté, si la femme accepte cette communauté. Il ne les supporterait intégralement que si la femme y renonçait.

D'autre part la femme peut exiger le remploi de ses propres aliénés, s'il est obligatoire. Son intérêt à la substitution d'un immeuble à sa créance d'indemnité est indéniable, et justifie l'action qu'elle peut intenter contre

(1) Laurent, XXII, n°ˢ 545 et 547. Nous supposons évidemment que l'obligation concerne le mari seul et non pas la communauté.

son mari. La loi permet même dans ce cas à celui-ci de donner en payement un de ses immeubles. Et cette *datio in solutum* est permise, non seulement pour le remploi des propres aliénés, mais pour l'exécution d'obligations du mari envers la femme, quand les deniers ne tombent pas en communauté (art. 1595-2°). La jurisprudence, plus exigeante que la loi, ne reconnaît la légitimité de cette opération que si la créance de la femme est actuelle et exigible (1).

Lorsque l'exécution immédiate de l'obligation du mari envers la femme n'est pas possible, et qu'elle peut craindre qu'il ne devienne insolvable, la loi lui permet d'obtenir la séparation de biens qui aménera la liquidation de sa créance.

§ 2. — Hypothèque légale de la créance d'indemnité de la femme intercédante.

85. — L'ancien droit avait donné à la femme une hypothèque lui garantissant sa créance d'indemnité, soit du jour du contrat de mariage, soit, à défaut de contrat, du jour de la célébration (Cf. *suprà*). C'était une organisation vicieuse, parce qu'elle rendait faciles des fraudes à l'encontre des créanciers hypothécaires, antérieurs à l'intercession.

Le droit intermédiaire y apporta des modifications importantes, mais passagères.

La loi du 9 messidor an III supprimait toute hypothèque tacite (art. 17). Mais elle ne fut jamais appliquée.

Celle du 11 brumaire an VII conserva à la femme son

______
(1) Cass., 11 juillet 1888, S. 88, 1-408.

hypothèque légale, mais la soumit à la publicité et lui donna même un certain caractère de spécialité.

Malgré les résistances de quelques tribunaux, le législateur de 1804 supprima les règles tutélaires de la spécialité et de la publicité de l'hypothèque légale de la femme. Toutefois, en lui laissant la même étendue que dans l'ancien droit, il corrigea le défaut qu'elle présentait au point de vue de sa date. L'article 2135-2°, alinéa 3, dispose en effet : « Elle (la femme) n'a d'hypothèque pour l'indemnité des dettes qu'elle a contractées avec son mari et pour le remploi de ses propres aliénés qu'à compter du jour de l'obligation ou de la vente ».

Cette disposition a été édictée pour empêcher des combinaisons frauduleuses, qui permettaient à la femme d'être préférée à des créanciers, dont le droit était né avant que naquît la créance d'indemnité de la femme. Elle consentait par exemple à l'aliénation d'un de ses propres. Son hypothèque, datant du mariage, lui permettait d'en recouvrer sûrement le prix sur les immeubles du mari. Mais elle pouvait ainsi absorber le plus clair de l'actif de celui-ci et le rendre insolvable.

Du fondement assigné à notre texte, il faut conclure qu'on ne saurait changer la date qu'il assigne à l'hypothèque de la créance d'indemnité. On ne déroge pas aux dispositions de la loi, édictées en faveur des tiers (1). Il serait sans doute permis d'établir par contrat de mariage une hypothèque conventionnelle, datant du mariage, pour les créances éventuelles de la femme, dans les conditions où l'hypothèque d'une créance future peut être constituée. Mais elle serait soumise aux conditions de publicité et de spécialité du droit commun.

(1) Aubry et Rau, III, § 264 *ter*, texte et n. 62.

On ne saurait davantage retarder la date fixée par notre texte (1). Le motif de cette décision n'est plus le même que celui que nous invoquions précédemment. Il est tiré de l'intérêt de la femme. Tout ce que le législateur permet dans cet ordre d'idées, c'est de restreindre l'hypothèque, dans les conditions prévues par l'article 2140. Valider la convention, qui retarderait la date de l'hypothèque de la femme, serait permettre de rendre cette garantie à peu près illusoire.

Quelle est exactement cette date ?

Selon nous, elle se place invariablement au jour où l'obligation et l'aliénation ont reçu date certaine, conformément à la loi.

Cette opinion est en général suivie, en ce qui concerne l'indemnité des dettes contractées par la femme avec son mari. L'hypothèque prend rang au jour du contrat, sans égard à la date où la femme a été obligée de payer. C'est ce qu'a décidé la Cour de cassation dans une espèce, où la femme avait endossé une lettre de change souscrite par son mari : le rang fut fixé par la date de l'endossement non par celle du jour où la femme, obligée de payer, exerça son recours contre son mari (2).

La date, pour remplir le but du législateur, doit être rendue certaine conformément à la loi. En décider autrement serait rendre faciles les fraudes, à l'encontre des créanciers du mari, au moyen d'une antidate. Ils sont d'ailleurs des tiers au sens de la loi, lorsque la femme leur oppose son hypothèque. La jurisprudence et la majorité des auteurs adoptent cette opinion (3). On applique

(1) Grenoble, 7 mars 1868, S. 68, II-339.
(2) Cass., 9 août 1852, S. 53, I-197, D. 53, I-156.
(3) Cass., 15 mars 1859, S. 59, I-195, note Massé ; Cass., 21 nov. 1887,

donc l'article 1328 du Code civil aux obligations civiles.
Mais si la femme s'est engagée avec son mari pour une
dette commerciale, la date de sa créance d'indemnité
devra-t-elle être certaine ? La jurisprudence, favorable
à la femme, décide aujourd'hui, après hésitation, que la
date peut être établie indépendamment des moyens
prévus par l'article 1328, par application de l'article 109
Co. (1). Il paraîtrait bien difficile d'exiger l'observation de l'article 1328, lorsque le mari obligé principal
n'a pas à l'observer.

Il a d'ailleurs été très justement jugé que si les créances, résultant d'obligations contractées par la femme
conjointement avec son mari, avaient été admises au
passif de la faillite de ce dernier, la masse ne pourrait
plus contester leur antériorité à l'ouverture de la faillite (2).

Faisant application de la règle *locus regit actum*, la
Cour de cassation a jugé avec raison le 23 mai 1892 (3),
que la date certaine des actes, en vertu desquels la
femme demande à être colloquée au rang de son hypothèque légale à l'ordre ouvert en France sur son mari,
peut être établie d'après la loi étrangère, sous l'empire
de laquelle ils ont été passés.

86. — Les mêmes règles devraient, selon nous, recevoir application lorsqu'il s'agit pour la femme d'obtenir
indemnité, à raison de l'aliénation d'un de ses biens per-

J. *des faillites*, 1888, p. 147 ; Pau, 23 nov. 1893, D. 94, II-423.

Sic : Aubry et Rau, III, § 254 *ter*, texte et n. 70 ; Bufnoir, S. 85, II-27 ;
Demolombe, *Contrats*, VI, nᵒˢ 554 et s. ; Pont, *Des hypothèques*, nᵒ 761.
— *Contrà*, Colmet de Santerre, IX, nᵒ 105 *bis*, v.

(1) Cass., 26 juin 1839, S. 39, 1-878 ; Cass., 21 avril 1869, S. 69, I-350 ;
Grenoble, 23 nov. 1870, S. 71, II-12.

(2) Cass,, 19 fév. 1862, S. 62, I-382.

(3) S. 92, 1-521.

sonnels. Son hypothèque daterait du jour de cette aliénation rendue certaine conformément à l'article 1328,
sans égard à la date du payement du prix entre les mains
du mari (1).

Telle est bien la solution admise par tous les auteurs
lorsqu'il s'agit de l'aliénation des propres de la femme
sous le régime de communauté. Elle est impérieusement
commandée par le texte de l'article 2135. Mais on prétend que le mot « propres » dont il se sert indique suffisamment que la décision qu'il donne doit être restreinte
à ce régime, ou plus exactement ne doit pas être étendue
au régime dotal, car c'est de lui seul qu'on s'occupe. Et
dès lors on décide que l'aliénation d'un immeuble dotal donne à la femme une hypothèque, prenant rang du
jour du mariage conformément à la disposition générale
de l'alinéa 1 de l'article 2135 - 2°, d'après lequel la femme
a hypothèque du jour du mariage pour raison de sa dot
et de ses conventions matrimoniales. On ajoute que le
mari étant chargé par le contrat de l'administration
de la dot, on est exactement dans les termes de notre
disposition : la femme invoque ses conventions matrimoniales.

Cette doctrine a longtemps prévalu (2). Elle ne paraît
cependant pas reposer sur des arguments bien solides.

______

(1) Si la femme aliène un de ses propres pour acquitter une dette à laquelle elle s'est engagée solidairement avec son mari dans l'intérêt de
celui-ci, l'hypothèque légale de la femme prend rang non du jour de la
vente, mais du jour où l'obligation solidaire a été contractée. Pau, 23 nov.
1893, D. 94, II-423.

(2) Pont (*Rev. crit.*, II, p. 386 et suiv.), *Des hypothèques*, II, n° 767 ;
Rodière et Pont, *Contrat de mar.*, II, n° 677 ; Tessier, *Dot*, II, n° 184 ;
Troplong, *Priv. et hyp.*, n° 589 *bis*.

MM. Rodière et Pont se séparent des autres auteurs, en ce qu'ils placent l'hypothèque à la date de l'aliénation, si le contrat de mariage n'ap-

D'abord le sens restrictif attribué au mot « propres »
ne s'impose nullement.Et, dût-on admettre qu'il ne vise
que les propres de communauté, la seule conclusion
qu'il en faudrait tirer, c'est que la loi ne s'est pas occu-
pée de l'aliénation des biens dotaux : ce qui n'implique
pas qu'il faille s'en référer alors au 1ᵉʳ alinéa, qui vise
les conventions matrimoniales. L'argument logique, tiré
de ce que le mari est chargé par le contrat de mariage de
l'administration de la dot, n'est pas concluant. N'est-ce
pas ce contrat qui lui confère aussi l'administration des
propres de la femme sous le régime de communauté ?

Il n'y a donc aucune raison péremptoire de restreindre la portée de l'article 2135-2°, alinéa 3, en refusant de
l'appliquer à l'aliénation des biens dotaux. Il en existe
au contraire une très forte pour le généraliser : c'est le
but certain qu'a poursuivi le législateur en édictant notre texte. Ce qu'il a voulu, c'est prévenir la fraude con-
certée entre le mari et la femme pour nuire aux créanciers du mari. Or, cette fraude peut être pratiquée aussi
bien sous le régime dotal que sous tout autre régime.
La femme peut invoquer son hypothèque légale au lieu
d'exercer l'action en nullité : la Cour de cassation le lui
a toujours permis (1). La combinaison frauduleuse dont
nous parlons est donc possible. Le législateur a manifesté l'intention formelle de l'empêcher. Il faut suivre
sa volonté. C'est en ce sens que paraît vouloir se prononcer la doctrine la plus récente des auteurs (2).

porte aucune exception à l'inaliénabilité. Décider le contraire, disent-ils,
serait permettre à la femme d'invoquer et de repousser en même temps
le régime dotal. Ce n'est pas très net.

(1) Cass., 24 juillet 1821, S. 21, I-422 ; Cass., 28 nov. 1838, S. 38, I-963,
Cass., 2 mai 1855, S. 55, I-420.

(2) Aubry et Rau, III, § 264 *ter*, texte et n. 74 ; Baudry-Lacantinerie et

Et cette solution doit être appliquée, sans distinguer selon que les immeubles dotaux sont ou non aliénables, avec ou sans charge de remploi. Une seule exception s'impose : si le mari a reçu le pouvoir d'aliéner les biens de la femme, sans qu'elle soit appelée à donner son consentement, l'hypothèque doit prendre rang au jour du mariage. Le concert frauduleux de la femme n'est pas à craindre. C'est contre elle que pourrait être dirigée la fraude, à laquelle elle n'aurait aucun moyen de s'opposer.

La jurisprudence des Cours d'appel est encore hésitante. On trouve des arrêts qui donnent à l'hypothèque la date de l'aliénation (1). Plus généralement ils la font remonter au jour du mariage (2). C'est cette dernière opinion que la Cour de cassation a toujours consacrée (3).

L'aliénation des biens de la femme non commune lui donne aussi une hypothèque, prenant rang à la date de l'aliénation. Personne ne le conteste ; nous ne connaissons aucune décision judiciaire sur la question.

87. — La femme séparée de biens et la femme dotale, pour ses paraphernaux, ont de même contre le mari une action en indemnité garantie par une hypothèque légale, si un de leurs biens a été aliéné dans les conditions que

de Loynes ; Colmet de Santerre, IX, n° 105 *bis*, VI ; Paul Louis-Lucas, *Pand. fr.*, 92, I-177.

(1) Voir par exemple : Caen, 7 juillet 1851, S. 52, II-92 ; Agen, 10 juin 1859, S. 59, II-341 ; Grenoble, 23 nov. 1870, S. 71, II-12 ; Nîmes, 30 oct. 1889 sous Cass., S. 92, I-183.

(2) Riom, 16 juin 1877, S. 78, II-295 ; Nîmes, 28 janv. 1879, S. 79, II-263 ; Pau, 31 mai 1893, D. 95, II-10 ; Toulouse, 18 juillet 1893, *Pand. fr.*, 94, II-46 ; Trib. civ. de Besançon, 24 avril 1894, *Pand. fr.*, 94, II-308.

(3) Cass., 27 juillet 1826, S. 27, I-246 ; Cass., 16 mai 1865, S. 65, I-345 ; Cass., 10 fév. 1892, S. 92, I-181.

nous avons précisées en expliquant l'article 1450. La date de cette hypothèque doit être fixée par celle de l'aliénation. Il ne paraît pas y avoir de contestation en doctrine sur la question (1).

La jurisprudence qui au début hésita à donner à la femme une hypothèque pour ses créances extradotales(2), qui la lui accorda ensuite, mais en la soumettant à l'inscription, parce qu'elle n'entrait pas dans les termes de l'article 2135 (3), est depuis longtemps fixée en ce sens que les créances sont garanties par une hypothèque dispensée d'inscription (4), et prenant rang, s'il s'agit d'une aliénation, à la date du contrat passé dans les termes de l'article 1450 (5).

Si les circonstances exigées par cet article ne sont pas réunies, il faut décider que l'hypothèque de la femme ne prend rang que du jour où le mari a reçu le prix de vente (6). C'est conforme à l'opinion de la Cour de cassation (7), qui décide très exactement que la femme acquiert une hypothèque, pour ses créances paraphernales, du jour où elles ont été payées au mari, s'il ne les a pas reçues en vertu de son contrat de mariage : auquel cas l'hypothèque remonterait au jour du mariage. La doctrine de la Cour suprême peut seulement laisser quelque doute, en ce qui concerne la preuve de la date où les

(1) Aubry et Rau, III, § 264 *ter*, texte et note 79.
(2) Aix, 19 août 1818, S. 19, II-89, note Planel.
(3) Toulouse, 4 juin 1816, 6 décembre 1824, S. 18, II-44, 26, II-106 ; Grenoble, 22 juin 1825.
(4) Riom, 20 fév. 1819, S. 20, II-275 ; Cass., 28 juillet 1828, S. 28, I-297 ; Grenoble, 20 mai 1834, S. 34, II-776.
(5) Cass., 27 avril 1852, S. 52, I-401 ; Grenoble, 23 nov. 1870, S. 71, II-12.
(6) Colmet de Santerre, IX, n° 105 *bis*, xiv.
(7) Cass., 1er mai 1893, D. 94, I-57 ; S. 94, I-281.

valeurs ont été remises. Si la femme n'a pas participé à
la réception des deniers, il est légitime de lui permettre
de faire la preuve par tous les moyens du droit commun : elle a été dans l'impossibilité de se procurer une
preuve écrite (art. 1348). Mais il paraît difficile de maintenir cette solution dans le cas même où la femme a participé au payement. C'est pourtant ce que fait la Cour
de cassation (1).

88. — La femme, qui a subrogé un créancier du mari
dans son hypothèque légale, acquiert aussi une créance
d'indemnité prenant rang à la date du contrat. Si donc
le subrogé, exerçant les droits hypothécaires de la femme,
se fait colloquer dans un ordre ouvert sur le mari, la
femme ne pourra obtenir une collocation, dans la mesure où ses droits auront été exercés, qu'à la date de la
subrogation. Maintenir la femme à son rang antérieur,
en lui préférant seulement le créancier subrogé, serait
donner un moyen trop facile d'éluder la disposition tutélaire de l'article 2135, alinéa 2. Cette solution ne paraît
faire aucun doute (2).

LÉGISLATION COMPARÉE ET CONFLIT DE LOIS.

89. — Peu de législations traitent la femme aussi
favorablement que notre Code civil, en ce qui concerne
l'hypothèque légale.

Le législateur belge, qui a considérablement amélioré
notre régime hypothécaire en 1851, donne bien à la
femme une hypothèque générale, dont le mari peut obtenir la réduction ; mais il la soumet à l'inscription. La

(1) Voir la critique de cette décision par M. Planiol dans D. 94, 1-57.
(2) Aubry et Rau, III, § 264 *ter*, texte et note 80 ; Beudant, D. 67, 1-465;
Pont, *Priv. et hyp.*, n° 765.

créance d'indemnité de la femme, née de son intercession à son profit, est garantie par une hypothèque (art. 67),
qui ne prend rang que du jour où elle a été inscrite. La
femme ne fera inscrire que lorsqu'elle redoutera l'insolvabilité du mari. Ainsi les biens de celui-ci ne seront
plus grevés inutilement.

L'interprétation de la loi a soulevé sur ce point d'importantes controverses, analysées par Laurent dans les
Principes de droit civil (1). Qu'il suffise de remarquer
que, dans un but de protection pour la femme, le législateur a permis aux parents et alliés des époux, jusqu'au
troisième degré inclusivement, de requérir les inscriptions en son nom (art. 69). Et prévoyant leur indifférence
ou leur crainte, elle charge aussi de cette mission le juge
de paix du canton du domicile marital, et le procureur
du roi près le tribunal de première instance. Ce n'est
d'ailleurs pour eux qu'une simple faculté.

Un système analogue a été introduit en Alsace-Lorraine par la loi du 24 juillet 1889.

La règle de la publicité et de la spécialité, admise déjà
dans plusieurs législations, tend à devenir générale.
Elle était suivie dans les divers Etats de l'Empire d'Allemagne avant la réforme du régime foncier, qui ne
saurait s'accommoder avec la clandestinité. Elle existe
dans les cantons suisses, en Italie, en Espagne. La
France restera bientôt seule attachée à un système dangereux pour le crédit public.

Dans plusieurs législations la femme n'a pas d'hypothèque légale. Elle a seulement un titre légal à l'acquisition d'une hypothèque. Et par cette formule, nous vou-

____

(1) Laurent, XXX, nᵒˢ 373 et suiv.

lons dire que la femme peut toujours exiger du mari une constitution d'hypothèque, pour la garantie de ses apports ou des créances qu'elle acquiert contre lui au cours du mariage. C'est le système qui fonctionne dans plusieurs Etats allemands depuis une époque très reculée (1), en Espagne depuis la loi du 21 décembre 1869 (art. 158 et 160) et dans quelques cantons suisses, notamment ceux de Zurich (art. 604, C. civ.), de Vaud (art. 1090 et 1091), de Lucerne (loi 26 nov. 1880).

C'était le système généralement suivi en Allemagne avant la loi de 1877 sur les faillites. Cette loi supprime le privilège de la femme et ne laisse subsister que son hypothèque, dans la mesure où elle est admise par les lois spéciales de chaque État (art. 39).

90. — La femme ne peut en principe renoncer par avance à la garantie que la loi lui accorde. Mais elle peut en disposer dans l'intérêt du mari en contractant avec les tiers. Elle doit seulement se conformer pour cela aux formalités dont le législateur a entouré son intercession au profit du mari.

Il en est ainsi en Italie, aux termes de l'article 1405. De même le Code civil du canton de Zurich exige le consentement de la femme et celui d'un tuteur extraordinaire nommé *ad hoc* pour aliéner, engager ou modifier la lettre de sécurité (*Weibergutsversicherungsbrief*), consentie à la femme pour la garantie de ses créances dotales.

Là au contraire où l'intercession de la femme est libre, les renonciations et subrogations de la femme au profit d'un créancier ou d'un acquéreur de l'immeuble du mari

---

(1) Lehr, *Eléments de droit germanique*, n° 298.

interviennent valablement avec la seule autorisation maritale (Cf. loi du 24 juillet 1889 pour l'Alsace-Lorraine, art. 19 et 20).

91. — *Conflits de lois*. — La diversité des législations en ce qui concerne la garantie de la créance d'indemnité de la femme donne lieu à des conflits de lois très fréquents.

Le principe directeur auquel paraît se rallier la doctrine la plus récente est qu'il faut se référer à la loi nationale des époux, pour résoudre la question de savoir si la femme peut ou non prétendre exercer une hypothèque sur les biens du mari. Il faut d'ailleurs que le droit invoqué ne soit pas contraire à l'ordre public dans le pays, où la femme demande à l'exercer. Il est enfin nécessaire d'en soumettre l'exercice à toutes les conditions prescrites dans l'intérêt du crédit public, telles que la spécialité et la publicité (1).

Par application de ce principe, il faut décider que la femme étrangère, qui n'a pas d'hypothèque d'après la loi de sa nation, ne sera pas recevable à en prétendre une en France. L'hypothèque légale est en effet une garantie accordée à la femme à raison de son état de dépendance. Or, nul mieux que son législateur national n'est apte à déterminer les garanties dont elle a besoin. Sur ce point, il n'existe guère de difficulté en doctrine (2) et en jurisprudence (3).

Mais si la loi nationale de la femme lui confère une

---

(1) Demangeat sur Fœlix, I, p. 151, note b ; Valette, *Privilèges et hyp.* (1, nº 139) ; Weiss, *Tr. théor. et pr. de dr. int. pr.*, II, p.213 ; Pillet, *Essai d'un système général des conflits de lois* dans *J. du dr. int. pr.*, 1895, p. 502.

(2) Cf. Brissaud, *R. G. du Droit*, 1881, p. 24.

(3) Cass., 4 mars 1884, D. 84,I-205.

hypothèque sur les biens de son mari, il faudra lui pe r-
mettre d'en jouir en France (1). Cette solution est cependant rejetée par beaucoup d'auteurs, qui allèguent
que l'hypothèque légale est un droit civil *stricto sensu*,
et par conséquent refusée à la femme étrangère, en vertu
de l'article 11 du Code civil (2).

C'est aussi l'opinion de la jurisprudence (3). Elle admet seulement à exercer une hypothèque légale la femme qui peut invoquer un traité la lui accordant, comme
la femme suisse (4), la femme italienne (5) et la femme
ottomane (6) et, en général, toutes celles qui appartien-
nent à un pays ayant avec la France un traité qui lui
accorde le traitement de la nation la plus favorisée d'une
façon générale (7).

Nous déciderons d'ailleurs, par application du principe
posé, que c'est la loi nationale de la femme qui déter-
mine les créances auxquelles est attachée la garantie de
l'hypothèque.

(1) Cf. les auteurs cités à la note 1 de la page 162.

(2) Aubry et Rau, I, § 78, texte et n. 62 et 63 ; Colmet de Santerre,
IX, n° 81 *bis* ; Demolombe, I, n° 88 ; Fœlix, *Rev. étr. et fr.*, 1842,
p. 25.

(3) Cass., 20 mai 1862, S.62,1-673, D. 62, I-201 (concl. de Raynal); Cass.,
5 févr. 1872, S. 72,I-190, D. 73,1-76 ; Cass., 4 mars 1884, *J. du dr. int.
pr.*, 1884, p. 502 ; Paris, 13 août 1889, D. 90,II-161. V. l'analyse de la jurisp. antérieure à 1878, par Dubois dans *J. du dr. int. pr.*, 1878, p. 56,
1879, p. 65 et 392.

(4) Traités des 30 juin 1864, 15 juin 1869 (art. 6), 23 février 1882 (art. 1) ;
Trib. Seine, 9 juillet 1878, *J. du dr. int. pr.*, 1879, p. 392 ; Cass. Berne,
17 juin 1864. Cf. Roguin, *Conflit des lois suisses en matière internat.
et cantonale*, n° 135.

(5) Traité 24 mars 1760. — Cass., 5 mars 1878, *J. du dr. int. pr.*,
1879, p. 65 ; Cass., 23 mai 1883, S. 83,I-397.

(6) Traité 9 juin 1868. — Paris, 13 août 1889, *Le Droit*, 20 octobre
1889.

(7) Weiss, *Traité de dr. int. pr.*, II, p. 213 ; Vincent et Penaud, *Dict.
du dr. int. pr.*, V° *Priv. et hyp.*, n° 62.

Par application de l'article 3 du Code civil italien, qui décide que « l'étranger est admis à jouir des droits civils attribués aux citoyens », la Cour d'appel de Modène a jugé que la femme mariée étrangère a hypothèque sur les biens de son mari situés en Italie (1).

C'est la solution que proposent chez nous les rédacteurs de l'avant-projet sur les hypothèques légales. L'article 9 donne à la femme étrangère une hypothèque légale en France, lorsque la loi sous l'empire de laquelle elle est mariée lui en reconnaît une.

(1) *J. du dr. int. pr.*, 1878, p. 53.

CHAPITRE III

EFFETS DE LA FAILLITE DU MARI SUR L'INTERCESSION
DE LA FEMME A SON PROFIT.

92. — L'influence de la faillite (1) sur l'intercession
de la femme au profit du mari doit être envisagée à un
double point de vue. D'abord la déclaration de faillite
met-elle obstacle à cette intercession ? Exerce-t-elle
quelque influence sur sa validité ? Et en second lieu, si
l'intercession est possible, produit-elle ses effets normaux ? La faillite n'exerce-t-elle même pas son influence
sur les effets des intercessions qui ont précédé la cessation des payements ? L'étude de cette double question
fera l'objet de deux sections :

Section I. — Influence de la faillite sur la validité de
l'intercession.

Section II. — Influence de la faillite sur les effets de
l'intercession.

Dans une troisième section, nous donnerons quelques
indications de législation comparée.

SECTION I. — INFLUENCE DE LA FAILLITE SUR LA
VALIDITÉ DE L'INTERCESSION.

93. — C'est dans les situations embarrassées, qui ont
souvent leur solution dans une déclaration de faillite,

(1) Ce que nous disons de la faillite s'applique d'une façon générale
à la liquidation judiciaire, organisée par la loi du 4 mars 1889.

que l'intervention de la femme au profit du mari est surtout fréquente et utile. Il s'agit de rendre au mari son
crédit, fortement ébréché par l'atteinte qu'il subit du
chef de l'hypothèque garantissant les reprises de la femme. Il y va souvent de l'honneur de la famille. La femme, au risque de sacrifier sa dot, intervient aux obligations que contracte son mari, s'oblige avec lui, le cautionne, subroge ses créanciers dans l'hypothèque qu'elle
a sur ses immeubles. Un moment vient, où tout crédit
a disparu. La femme n'a pu empêcher le désastre. La
faillite est déclarée et reportée dans le passé à la date
de la cessation des payements. Les intercessions sur-
venues dans la période dite suspecte, qui commence à
la cessation des payements (1) et finit à la déclaration
de faillite, sont-elles rétroactivement atteintes par le jugement déclaratif? La femme peut-elle après ce jugement
continuer à intercéder pour son mari ? Nous étudierons
la question concurremment pour ces deux époques. Elle
doit recevoir la même solution dans les deux cas.

De prime abord, on comprend assez mal la question.
La femme n'est pas touchée par la déclaration de faillite du mari. Elle reste capable de s'obliger et d'aliéner.
Pourquoi annulerait-on les engagements qu'elle prend
en faveur de son mari ?

94. — On a cependant essayé d'en obtenir l'annulation en invoquant des arguments de deux ordres tout à
fait différents.

Les uns ont soutenu que la déclaration de faillite
entraînait pour le mari l'incapacité d'autoriser sa femme,
et cela rétroactivement à partir du jour de la cessation
des payements.

(1) Et pour certains actes dix jours auparavant (art. 446).

L'erreur est évidente et devrait à peine être signalée, si elle ne figurait dans un jugement encore récent du 4 novembre 1882, rendu par le tribunal de commerce de la Seine (1). La faillite ne touche pas à la capacité du failli, même pour l'avenir. Le dessaisissement qui résulte du jugement, qui la déclare, a pour unique effet d'entraîner l'indisponibilité des biens du failli à l'égard de la masse (art. 443 C. com.). Sa situation pourrait, croyons-nous, être comparée à certains égards à celle de la femme dotale. Les obligations qu'il contracte sont valables, mais ne sont pas exécutoires, pour le moment du moins, sur les biens dont il est dessaisi. Et si la faillite déclarée n'enlève pas au mari le pouvoir d'autoriser sa femme, à plus forte raison conserve-t-il ce pouvoir intact jusqu'au jugement déclaratif. La doctrine (2) et la jurisprudence (3) sont à peu près unanimes sur ce point.

95. — Dans une autre opinion, l'obligation de la femme serait nulle, parce qu'elle ne peut lui faire acquérir l'hypothèque légale destinée à garantir sa créance d'indemnité.

Nous aurons à examiner, dans la section suivante, dans quelle mesure il est vrai de dire que l'intercession de la femme, après la cessation des payements, ne lui fait pas acquérir d'hypothèque légale. Mais en supposant admis qu'il y ait des cas, et il en existe certainement, où l'hypothèque légale ne puisse grever les biens dont le failli

(1) *J. des faillites*, 1883, p. 21.

(2) Aubry et Rau, III, § 264 *ter*, n. 27 ; Baudry-Lacantinerie et de Loynes, II, n° 992 ; Lyon-Caen, *Rev. crit.*, 1881, p. 284 ; Lyon-Caen et Renault, *Précis*, II, n° 2767 ; Ortlieb, S. 79, II-113 et les auteurs qu'ils citent.

V. cependant Coin-Delisle, *R. crit.*, III, p. 221 et suiv. ; Pont, *Priv. et hyp.*, 1, n° 447.

(3) Dernier arrêt : Bordeaux, 29 fév. 1889, S. 89, II-125.

est dessaisi, il n'en résulterait nullement que le contrat passé par la femme dût être déclaré nul et inefficace à son égard. La garantie hypothécaire que la loi accorde à la femme n'est pas essentielle à la validité de son obligation. Elle en est bien privée, si le mari n'a pas d'immeubles, ou si ceux qu'il possède sont grevés de privilèges, ou d'hypothèques préférables à la sienne, et cependant personne ne prétend qu'en pareil cas l'engagement de la femme doive rester inefficace. L'article 2135, en garantissant la créance d'indemnité par une hypothèque, ne subordonne pas la validité du contrat passé par la femme en faveur du mari à l'acquisition et à l'efficacité de cette hypothèque.

Quelques Cours d'appel (1) avaient admis le lien, que nous repoussons, entre l'engagement et l'hypothèque. Mais la Cour de cassation s'est prononcée constamment en sens contraire (2). Les motifs, qui militent en faveur du maintien de l'obligation de la femme, ont été exposés avec une parfaite netteté dans un arrêt de la Cour de Poitiers du 20 avril 1885 (3). « Attendu, dit-il, que l'intervention de la femme dans le règlement des affaires de son mari est un de ces sacrifices dont elle ne mesurait peut-être pas, à la première heure, toute l'étendue, mais dont la résolution inspirée par des sentiments d'honneur et de probité était certainement prise à la suite des réclamations des créanciers et en présence d'une faillite imminente, dont elle voulait, même au prix de

(1) Nancy, 4 août 1860, S. 61, II-119 ; 4 mars 1876 sous Cass., S. 77, I-406 ; 19 mars 1879, S. 79, II-113, note Ortlieb ; Dijon, 6 fév. 1868 sous Cass., S. 69, I-117 ; Lyon, 6 fév. 1876, S. 76, II-207.

(2) Cass., 9 déc. 1868, S. 69, I-117 ; 27 avril 1881, S. 81, I-393, note Labbé ; Cass., 18 avril 1887, S. 87, I-173, D. 87, I-155.

(3) Sous Cass., D. 87, I-155, S. 87, I-173.

sa fortune, éviter le fâcheux éclat ; que ces motifs, quelque pressants qu'ils aient été pour la volonté de celle qui les a subis, suffisent pour donner à l'obligation une cause réelle, au consentement sa validité ; attendu au surplus que la dame C... ne démontre pas qu'elle a été trompée par suite d'une collusion organisée entre son mari et les sieurs B..., preuve qui lui incombe tout entière, puisque, déniant l'obligation, elle est tenue d'établir sa nullité... ». En conséquence, tout en déniant à la femme une hypothèque pour sa créance d'indemnité, l'arrêt valide son obligation.

Le dernier considérant que nous venons de rapporter réserve, pour la femme, le droit de prouver que son consentement n'est pas valable, parce qu'il lui a été soustrait par dol. Il faudrait dire la même chose de la violence et de l'erreur. C'est le droit commun.

96. — On a parfois invoqué, pour dégager la femme de son obligation, un argument qui se rattache à l'opinion précédente. La femme, qu'elle soit obligée solidairement ou non avec son mari, est réputée sa caution. Aux termes de l'article 2037, « la caution est déchargée, lorsque la subrogation aux droits, hypothèques et privilèges du créancier ne peut plus, par le fait de ce créancier, s'opérer en faveur de la caution ». Or, la femme n'acquiert pas d'hypothèque légale sur les biens du mari. Elle est donc dégagée envers le créancier. — Le raisonnement est essentiellement vicieux. Jamais on n'a prétendu que la femme, qui paierait le créancier du mari, envers qui elle se serait engagée depuis la cessation des payements, ne serait pas subrogée aux droits de ce créancier contre le mari. Ce qu'on lui refuse dans certains cas, c'est le droit d'invoquer son hypothèque légale. Or le créancier ne fait rien pour lui enlever ce droit. L'article 2037 n'est donc pas applicable : inutile d'insister.

97. — L'obligation contractée par la femme en faveur du mari, postérieurement à la cessation des payements de celui-ci, est donc valable. Laissant de côté les effets qu'elle produit dans les rapports de la femme et du mari, voici en un mot les conséquences de cet engagement dans les rapports de la débitrice et du créancier. L'engagement est valable. L'exécution peut donc en être poursuivie sur les biens de la femme. Les hypothèques qu'elle aura constituées sur ses biens seront pleinement efficaces. Et le créancier, subrogé à ses droits, pourra, en vertu de l'article 1166, faire valoir dans la faillite du mari tous ceux qu'elle-même pourrait y exercer.

Seule la femme dotale échappera à l'exécution de son engagement sur ses biens dotaux. Il n'y a rien là de spécial à notre matière. Et nous n'en ferions pas la remarque, s'il ne s'était présenté une espèce intéressante, dont la solution est délicate.

Une femme dotale cautionne le payement des dividendes promis par son mari tombé en faillite, et qui a obtenu un concordat. En même temps, elle subroge les créanciers dans son hypothèque légale et constitue sur ses biens une hypothèque conventionnelle. Le mari ne paie pas la première annuité des dividendes. La femme est poursuivie par le syndic. Elle emprunte et son prêteur paie le syndic, qui le subroge dans les droits de la faillite contre la femme. Une seconde fois la femme est poursuivie pour le payement de nouvelles annuités. Cette fois elle résiste ; le syndic fait une saisie, validée par le tribunal, mais annulée par la Cour, qui ne consi-

dère pas que le cautionnement fourni par la femme
puisse entrer dans les cas exceptionnels où l'article 1558
déroge à l'inaliénabilité dotale. Le prêteur des deniers
qui avaient servi à payer les premières annuités, se
voyant privé des sûretés que lui avait consenties le
syndic, réclame à celui-ci la restitution de la somme
versée entre ses mains. Il fait agir la femme qui soutient que l'obligation contractée par elle étant inefficace,
le syndic avait reçu l'indû. Le tribunal fait droit à cette
demande. Mais la Cour la repousse (1), en se fondant
sur ce que le syndic n'a pas reçu l'indû, et n'a garanti
au prêteur qu'il a subrogé dans les droits de la faillite
que l'existence actuelle des garanties promises, sans
répondre des éventualités de l'avenir. La Chambre des
requêtes a rejeté le pourvoi formé contre cette décision,
en faisant le même raisonnement que la Cour d'appel (2).

La décision paraît bien rendue. Il est certain que la
condictio indebiti était irrecevable. Le régime dotal
n'empêche pas la femme de s'obliger valablement. Dans
notre espèce, elle était donc débitrice des annuités payées
pour elle par son prêteur et devenait débitrice, dans les
mêmes conditions, de son bailleur de fonds, subrogé
aux droits des créanciers de la faillite. On comprend
malaisément l'action de la femme contre le subrogeant.
C'est au subrogé qu'elle aurait dû opposer la prétendue
nullité de son obligation. Et si elle était parvenue à la
faire admettre, celui-ci aurait pu exercer contre les su-
brogeants l'action en répétition de l'indû. C'est en effet
une action de cette nature et non une action en garantie

(1) Nimes, 16 fév. 1884, *J. des faillites*, 1885, p. 273.
(2) Cass. Req., 11 mars 1885, *J. des faillites*, 1885, p. 275.

qui compète au subrogé, au cas de non-existence de la créance (1). Le subrogeant n'étant pas tenu de l'action en garantie, le motif tiré par la Cour d'appel et la Chambre des requêtes de ce que le syndic n'avait pas garanti l'efficacité future des sûretés cédées n'était donc pas pertinent. Il paraît d'ailleurs inexact, car l'efficacité qui dépend d'une exception actuellement existante est une inefficacité actuelle : or, telle est bien l'exception de dotalité.

SECTION II. — Influence de la faillite sur les effets de l'intercession.

98. — Toute intercession de la femme en faveur du mari fait naître à son profit une créance d'indemnité contre lui. Et cette créance est garantie par une hypothèque légale.

L'intercession, qui se produit postérieurement à la date fixée comme étant celle où le mari a cessé ses payements, donne-t-elle aussi naissance à une créance d'indemnité, corroborée par la garantie hypothécaire qui en est l'accessoire? C'est la première question que nous avons à étudier.

Nous examinerons ensuite les conséquences générales de la faillite sur les effets de l'intercession, qu'elle soit antérieure ou postérieure à la cessation des payements.

(1) Aubry et Rau, IV, § 321, texte et note 24. V. cep. Cass., 4 février 1846, S. 46, I-96.

§ 1. — Intercessions postérieures à la cessation des payements.

99. — La femme qui intercède pour son mari postérieurement à la cessation des payements est, nous l'avons vu, valablement engagée. Acquiert-elle contre lui une créance d'indemnité ? Il serait difficile de la lui dénier. Et cependant il importe de distinguer, quant à ses effets, entre les cas où l'intercession précède le dessaisissement du mari (qui se produit au jour du jugement déclaratif de faillite [art. 443]), tout en étant postérieure à la cessation de ses payements, et ceux où elle suit le dessaisissement. La première période est dite période suspecte.

A. — Intercession dans la période suspecte.

100. — La femme qui intercède pour son mari est valablement obligée. Nous l'avons déjà dit. Elle devient sa créancière, pour le montant du préjudice qui résulte de son intercession. Aucun texte du Code ne prononce contre la femme la déchéance de la créance d'indemnité née à son profit pendant la période suspecte. On comprendrait d'ailleurs assez mal cette déchéance, puisque la femme ne demande au mari que la réparation du préjudice qu'elle subit.

L'engagement de la femme paraît devoir être tout profit pour les créanciers du mari, puisque son patrimoine répondra envers eux des dettes de leur débiteur. Si elle a aliéné un de ses biens pour en faire profiter le mari, leur gage se trouve accru d'autant ; et, venant à titre de créancière dans sa faillite, elle sera exposée aux dangers de son insolvabilité.

Le raisonnement est exact, tant que le mari n'a pas d'immeubles, la loi n'accordant à la femme aucun privilège. Mais s'il a un patrimoine immobilier, l'hypothèque légale qui garantit la créance d'indemnité de la femme peut leur causer un préjudice. Comme ils n'ont en général qu'une créance chirographaire, ils ne seront payés qu'après que la femme aura été désintéressée.

On n'aperçoit pas encore le préjudice, tant que l'on suppose que la femme qui aura son hypothèque a fait entrer dans le patrimoine du failli une valeur équivalente à celle qu'elle demande à reprendre. C'est ce qui se produira le plus souvent, lorsqu'elle aura aliéné un de ses propres pour en faire passer le prix au mari. C'est encore ce qui arrivera généralement, quand elle se sera engagée envers un créancier nouveau, qui aura versé entre les mains du mari le montant des deniers, dont la femme demande aujourd'hui la reprise, en vertu de l'obligation où elle se trouve de les rembourser.

101.— Mais l'intercession de la femme au profit du mari peut causer aux créanciers de celui-ci un préjudice direct, si elle se produit sous la forme d'un engagement envers un créancier antérieur. Ce créancier menace peut-être de poursuivre le mari, de le faire déclarer en faillite. La femme intervient, s'engage envers lui, le subroge dans son hypothèque légale. A cette condition il accorde des délais, qui permettront peut-être au mari de sortir de la crise qu'il traverse. L'événement ne justifie pas ces espérances. La faillite est déclarée. Le créancier subrogé dans les droits de la femme recouvre intégralement sa créance, au détriment de ses cocréanciers, qui voient ainsi méconnaître à leur préjudice la loi du concours. Cependant tant qu'il se borne à exercer l'hypothèque légale qui garantit les créances de la femme qui ont une cause autre que l'engagement qu'elle a pris envers lui, il ne leur cause aucun préjudice. Que leur importe que les biens de leur débiteur aillent à l'un ou à l'autre, puisqu'ils doivent leur échapper à toute éventualité? Ils ne souffrent de la subrogation consentie à leur cocréancier que s'il peut invoquer du chef de la femme, ou si celle-ci peut exercer en son propre nom, l'hypothèque légale qui garantit la créance d'indemnité, que son intercession lui fait normalement acquérir. Trouvent-ils dans la loi une protection contre ce danger ?

102. — Le Code de 1808 leur en assurait une très efficace dans l'article 443. Aux termes de cet article, « nul ne pouvait acquérir privilège ou hypothèque sur les biens du failli dans les dix jours qui précédaient l'ouverture de la faillite ». Cette disposition atteignait l'hypothèque légale née dans ce délai, quelle que fût la créance de la femme qu'elle garantit. C'était se montrer pour la femme du failli d'une excessive sévérité. La doctrine et la jurisprudence avaient tempéré cette rigueur (1).

La rédaction nouvelle donnée au livre III du Code de commerce par la loi de 1838 ne contient plus de disposition aussi générale que l'ancien article 443. L'article 446 dispose seulement que : « Sont nuls et sans effet, relativement à la masse, lorsqu'ils auront été faits par le débiteur depuis l'époque déterminée par le tribunal, comme étant celle de la cessation de ses payements ou dans les dix jours qui auront précédé cette époque... : toute hypothèque conventionnelle ou judiciaire, et tous droits d'antichrèse ou de nantissement constitués sur

____

(1) Cf. Pardessus, _Droit comm._, IV, p. 278 ; Persil, _Régime hypothécaire_, sur l'article 2146, p. 253.

les biens du débiteur pour dettes antérieurement contractées ». L'hypothèque légale est donc soustraite, par
voie d'exclusion, à la nullité de plein droit prononcée
par l'article 446. Quelques auteurs essayèrent, au début,
de faire entrer dans les termes de cette disposition l'hypothèque garantissant la créance d'indemnité de la femme, qui s'engage au profit d'un créancier antérieur du
mari, en alléguant qu'il y avait, à vrai dire, constitution
d'hypothèque conventionnelle (1). Et cette opinion se
trouve dans trois arrêts de la Cour de Nancy (2). Mais
elle fut repoussée dès l'origine par la Cour de cassation (3). Elle méconnaît en effet le caractère de l'hypothèque de la créance d'indemnité, à qui l'article 2135 ne
permet pas d'attribuer une nature différente de celle qui
garantit toutes autres créances de la femme (4).

103. — Sentant cependant le danger que présentent
les subrogations consenties par la femme à l'hypothèque
qui garantit la créance d'indemnité née de son engagement, pendant la période suspecte, envers un créancier
antérieur du mari, s'apercevant qu'elles permettent d'é-
luder la règle formulée par l'article 446, dont nous avons
déjà reproduit la disposition, la jurisprudence et les auteurs se sont attachés à déjouer la fraude ourdie contre
les créanciers. L'arme qui a servi à cette fin est l'article 447 du Code de commerce. « Tous autres paiements
faits par le débiteur pour dettes échues, dit cet article,

(1) Bédarrides, *Faillites*, I, n° 123 *ter* ; Coin-Delisle, *Rev. crit.*, 1853,
p. 221.

(2) Nancy, 4 août 1860, 1ᵉʳ août 1875, 4 mars 1876, S. 61, II-119, 76, II-
245, 77, I-406.

(3) Cass., 7 nov. 1848, S. 49, I-121.

(4) Lyon-Caen et Renault, *Précis*, II, n° 2767 ; Renouard, *Faillites*, I,
n° 382.

et tous autres actes à titre onéreux par lui passés après
la cessation de ses payements et avant le jugement déclaratif de faillite, pourront être annulés si, de la part de
ceux qui ont reçu du débiteur ou qui ont traité avec lui,
ils ont eu lieu avec connaissance de la cessation de ses
payements ». Les actes qui portent préjudice à la masse
sont donc susceptibles d'être annulés, s'ils ont été accomplis frauduleusement pendant la période suspecte.
La fraude, de la part du bénéficiaire de ces actes, consiste
uniquement dans la connaissance de la cessation des
payements du débiteur. Le créancier qui, connaissant la
situation de son débiteur, lui demande de faire intervenir sa femme, pour obtenir, avec son engagement solidaire, la subrogation à son hypothèque légale, porte
préjudice à ses cocréanciers, s'il prétend exercer cette
hypothèque, en tant qu'elle garantit la créance de la
femme née de son engagement envers lui. Il doit être
atteint par l'article 447. En réalité, ce n'est pas lui qu'on
frappe. Si la femme est solvable, elle devra payer le
créancier qui, désintéressé, ne produira plus à la faillite. La privera-t-on elle aussi de son hypothèque, quand
elle produira à la faillite du mari, en sa qualité de caution, pour obtenir le remboursement de ce qu'elle aura
payé ? On a considéré que ce serait user contre elle d'une
rigueur excessive. Aussi, pour lui opposer l'inefficacité
de son hypothèque, exige-t-on qu'elle-même ait été de
mauvaise foi, c'est-à-dire qu'elle ait su, au moment de
son engagement, que son mari avait cessé ses payements.

C'est l'opinion qu'a adoptée la Cour de cassation dès
qu'elle a été appelée à se prononcer sur la question. En

1848, elle repoussait l'application de l'article 446 (1) parce que les « motifs de suspicion qui l'ont fait édicter n'existent pas dans le cas où l'hypothèque est une hypothèque légale, dont le bénéfice est réclamé par une épouse, qui, loin d'être censée avoir voulu faire fraude aux autres créanciers, est au contraire présumée avoir été circonvenue par son mari ; c'est précisément à cause de cette situation, résultant de sa soumission à la puissance maritale, que l'hypothèque légale lui a été accordée ». Troplong, qui était dans cette espèce conseiller-rapporteur, émettait la même opinion à peu près dans les mêmes termes. Mais il ajoutait : « Si l'on pouvait apercevoir une participation de la femme à la fraude, l'opération serait annulée ». La Cour de cassation eut bientôt à faire application de cette restriction. L'arrêt du 15 mai 1850 (2), tout en maintenant l'obligation de la femme envers le créancier, la prive de l'hypothèque légale garantissant la créance d'indemnité. Ce qui est inefficace en effet à l'égard de la masse, c'est seulement cette hypothèque. L'engagement de la femme reste valable. La Cour de cassation a toujours refusé de lier l'engagement à l'efficacité de l'hypothèque (Cf. *suprà*). Depuis lors la jurisprudence de la Cour suprême n'a pas varié (3). Elle a rallié à son opinion la plupart des Cours d'appel (4) qui avaient autrefois rendu des arrêts divergents,

(1) Cass., 7 novembre 1848, S. 49,I-121.

(2) S. 50,I-609.

(3) Cass., 25 juillet 1860, S. 61,I-93 ; Cass., 9 décembre 1868, S. 69,I-117 ; Cass., 11 décembre 1876, S. 77,I-406 ; Cass., 21 décembre 1881, S. 81,I-422 ; Cass., 18 avril 1887, S. 87,I-173.

(4) Bourges, 1er avril 1870, S. 71,II-72 ; Poitiers, 5 mai 1879, S.79,II-113 ; Nancy, 19 mars 1879, S. 79,II-113 ; Besançon, 19 mai 1886, S. 86,II-176 ; Bordeaux, 29 février 1888, S. 89,II-125 ; Aix, 18 avril 1892, S. 92,II-145. Nous signalons seulement un arrêt de la Cour de Poitiers du 20 avril

les uns appliquant l'article 446, d'autres annulant l'engagement de la femme lui-même.

Donc en pratique la femme peut valablement s'engager envers un créancier de son mari, même pendant la période suspecte. Le lui défendre serait l'empêcher de sauver parfois d'une faillite imminente le mari, à qui des atermoiements consentis en temps opportun, grâce au cautionnement de la femme, permettront de sortir d'une crise passagère. Si, malgré cela, la faillite est déclarée, l'engagement produira tous ses effets dans les rapports de la femme avec le créancier ou avec son mari. Toutefois l'hypothèque légale de la créance d'indemnité ne

1885 (sous Cass., S. 87, I-173) qui aboutit dans l'espèce sur laquelle il statue aux mêmes conclusions, en essayant de les justifier autrement. « Attendu, dit la Cour, que, quoique la femme eût en vertu de son hypothèque légale un recours sur les biens de son mari à raison des engagements solidaires qu'elle a contractés avec lui, elle ne peut cependant exercer ce recours que dans la mesure où elle a concouru à enrichir la faillite, car si cette restriction n'était pas apportée à l'exercice de son droit, ce serait, tout en refusant de reconnaître en faveur du créancier pour dettes antérieures la validité d'une constitution d'hypothèque conventionnelle, lui attribuer néanmoins le bénéfice de cette garantie par le jeu de l'hypothèque légale à lui déléguée ; attendu que les dispositions de la loi, qui s'opposent à ce que le débiteur failli donne ou procure, par quelque moyen que ce soit, à l'un de ses créanciers à raison de dettes antérieures des sûretés hypothécaires ne pouvant se réaliser qu'au préjudice de la masse, contiennent des dispositions prohibitives, impératives et absolues, de telle sorte que si elles se rencontrent avec des droits contraires, ceux-ci, comme s'ils étaient en présence de principes d'ordre public, ne s'appliquent qu'autant qu'ils ne s'y heurtent pas ». En conséquence la Cour admet la naissance d'une hypothèque et la validité de la subrogation à cette hypothèque, en tant qu'elle garantit la créance résultant de l'engagement solidaire de la femme envers un banquier faisant au mari une ouverture de crédit pour l'avenir, mais non dans la mesure où elle s'applique à la créance de la femme, née à raison de son engagement envers le même banquier pour des avances antérieurement faites au mari.

Sous des principes abstraits, l'arrêt que la Cour de cassation a maintenu, parce que la femme était consciente de la fraude, pourrait bien cacher le retour à l'application de l'article 446. Il ne réserve pas le cas de bonne foi de la femme.

sera pas opposable à la masse, si la femme a connu la
cessation des payements du mari lorsqu'elle s'est engagée avec lui envers un créancier également de mauvaise foi : ce qui sera plus rare qu'on ne pourrait penser
à première vue. La mauvaise foi du créancier sera sans
doute facile à prouver. Il suffira de démontrer qu'il a eu
connaissance de la cessation des payements de son débiteur. A ce point de vue, l'article 447 est beaucoup plus
favorable aux créanciers lésés par un acte de leur débiteur que l'article 1167 qui organise l'action paulienne.
Les créanciers d'un non-commerçant, qui voudraient
faire déclarer inefficace à leur égard la subrogation consentie à l'un d'eux par la femme de leur débiteur, devraient démontrer que les actes passés l'ont été bien
moins dans son intérêt légitime, que pour soustraire aux
poursuites des autres une partie de l'actif commun (1).
Le créancier d'un non-commerçant, qui se fait délivrer
des garanties, peut nuire à ses cocréanciers qui recevront
un dividende inférieur à celui qu'ils auraient obtenu, si
lui-même avait subi la loi du concours ; mais il n'y a de
sa part aucune fraude (2). La fraude existe au contraire
en matière de faillite, dès qu'on a conscience qu'on rompt
la loi de l'égalité que le législateur a voulu maintenir.
Or, le créancier qui, dans la période de crise qui précède
la déclaration de faillite, demande l'engagement de la
femme sait le plus souvent que le mari a cessé ses payements. Il commet une fraude d'après les termes de l'article 447.

(1) Aubry et Rau, IV, § 313, texte et n. 33 ; Demolombe, XXV, nᵒˢ 224
et s. ; Garraud, *De la déconfiture*, p. 216 ; Larombière, art. 1167, nᵒ 46 ;
Cf. Cass., 12 fév. 1849, S. 49, I-506.
(2) Cf., C. de Bruxelles, 26 déc. 1859, *Pas.*, 60, II-327.

Mais la fraude de la femme est difficile à prouver. Comme le fait remarquer très exactement M. Thaller(1) : « Quand il n'est bruit dans le public que de la déconfiture du négociant, une personne l'ignore encore et conserve toutes ses illusions : c'est sa femme. Elle sert alors d'instrument inconscient à une manœuvre qui n'a d'autre but que de spolier la masse ».

L'opinion de la jurisprudence a reçu l'adhésion de la majorité des auteurs (2). Cependant M. Labbé, qui approuve les solutions qu'elle donne, n'a que peu de confiance dans les arguments sur lesquels elle se fonde. Il croit qu'il existe dans la loi une lacune. « Cette lacune, dit-il, la jurisprudence essaie de la combler. Nous croyons, sinon à la légalité, du moins à l'équité, à l'utilité pratique des résultats auxquels conduit cette jurisprudence ».

L'application de l'article 447 Co. com. à notre hypothèse soulève en effet une objection, à laquelle il paraît bien difficile de fournir une réponse satisfaisante. Ce qu'il permet au juge d'annuler, ce sont les actes faits par le débiteur lui-même. Or, est-il possible de soutenir que la naissance de l'hypothèque garantissant la créance d'indemnité de la femme soit un acte du débiteur ? Si on l'admet, ce n'est pas l'article 447 qu'il faut appliquer, c'est l'article 446. Et on se refuse à peu près unanimement aujourd'hui à soutenir cette opinion. La vérité est que cette hypothèque est une hypothèque légale, indépendante par conséquent de la volonté du mari et soustraite tant à l'article 447 qu'à l'article 446.

---

(1) *Faillite en droit comparé*, I, p. 327.
(2) Aubry et Rau, III, § 264 *ter*, texte et n. 27 ; Labbé, S. 81, I-393 ; Lyon-Caen et Renault (*Précis*, II, n° 2767) ; Ortlieb, S. 79, II-113.

104. — Frappés de la portée de cette objection, quelques auteurs (1) ont proposé d'annuler la subrogation, consentie par la femme à son hypothèque légale, en vertu des articles 597 et 598 Co. com. D'après l'article 597, « le créancier qui aura stipulé soit avec le failli, soit avec toutes autres personnes, des avantages particuliers à raison de son vote dans les délibérations de la faillite, ou qui aura fait un traité particulier duquel résulterait en sa faveur un avantage à la charge de l'actif du failli, sera puni correctionnellement d'un emprisonnement qui ne pourra excéder une année, et d'une amende qui ne pourra être au-dessus de deux mille francs. L'emprisonnement pourra être porté à deux ans si le créancier est syndic de la faillite ». Et l'article 598 ajoute : « Les conventions seront en outre déclarées nulles à l'égard de toutes personnes et même à l'égard du failli. Le créancier sera tenu de rapporter à qui de droit les sommes ou valeurs qu'il aura reçues en vertu des conventions annulées ». Ces articles ne paraissent-ils pas s'adapter très exactement à notre hypothèse? Le traité qui nuit à la masse et qui, comme tel, est frappé de nullité par l'article 598, c'est la subrogation consentie par la femme à l'hypothèque légale, en tant que celle-ci garantit la créance d'indemnité née de son engagement envers un créancier du mari. Cette nullité existe *erga omnes*. La masse est donc protégée. Mais la femme reste obligée personnellement. On ne peut la dégager, puisqu'elle est capable de contracter avec l'autorisation de son mari.

Tel est le raisonnement. La Cour de cassation l'a ap-

____

(1) Beudant. D. 69, I-5 ; Bravard et Demangeat, VI, p. 210.

pliqué dans un cas où la femme s'était engagée pour amener l'adhésion d'un créancier au concordat du mari (1).

Il est incontestable que l'application des articles 597 et 598 ne se heurte pas à la même objection que celle de l'article 447. L'acte préjudiciable est atteint, qu'il émane du failli ou de toute autre personne : le texte est formel. Mais permettent-ils toujours d'atteindre le résultat cherché ?

On ne peut s'empêcher d'abord de remarquer que la sanction qu'ils édictent ne frappe que « la fraude caractérisée », comme disent MM. Lyon-Caen et Renault (2) : ce qui restreindra singulièrement leur portée d'application, sans pourtant la supprimer (3).

Mais on peut, croyons-nous, faire à cette doctrine une objection plus grave encore. Ce que les articles 597 et 598 atteignent, d'après ses partisans, c'est la subrogation à l'hypothèque née de la créance d'indemnité. On ne conteste pas que la femme reste engagée. Or, tenue envers le créancier, elle aura un recours contre le mari. Il paraît impossible de le lui enlever : la femme n'a pas en s'engageant entendu se procurer un avantage particulier au détriment de l'actif de la faillite. Elle n'est donc pas frappée par la disposition de nos textes. Par conséquent, le recours qu'on ne peut lui dénier sera garanti par l'hypothèque légale de l'article 2135. Si la créance naît, l'hypothèque doit naître. Les articles 597 et 598 ne peuvent l'atteindre puisque, nous le répétons,

____

(1) Cass., 26 mars 1888, *J. des faill.*, 1888, p. 343.

(2) *Précis*, II, n° 3097 ; Cf. Cass., ch. crim., 11 février 1875, S. 75, I-440.

(3) Bordeaux, 1er décembre 1887, et Cass., 26 mars 1888, S. 89, I-106. Cf. Bordeaux, 29 février 1888, S. 89, II-125.

la femme n'a pas entendu se procurer un avantage au détriment de la masse, ce qui est la condition essentielle de leur application. Il reste donc que la femme est obligée, mais acquiert contre le mari un recours garanti par son hypothèque légale. La subrogation seule est annulée. La masse ne bénéficie nullement de cette annulation. Le créancier subrogé pourra même ne pas en souffrir, si la femme est solvable. L'article 1166, à défaut de la subrogation, lui permettra d'obtenir la collocation de la femme, à charge de la partager avec les autres créanciers de la femme.

Pour être logique, il faudrait annuler l'engagement lui-même de la femme. C'est lui qui, par le jeu des principes, nuit à la masse. Or, il est impossible d'aller jusque-là, sous peine de priver le commerçant obéré d'un secours efficace, suffisant peut-être pour le faire sortir d'une crise passagère. Se décidât-on à l'annuler, les cas de nullité seraient encore rares, à raison de la fraude caractérisée requise pour l'application des articles 597 et 598.

105. — Allons-nous donc être obligé de décider que la justice se trouve désarmée, en présence de la fraude si fréquente, dont nous nous occupons, et qui cause si souvent à la masse un préjudice considérable ?

MM. Baudry-Lacantinerie et de Loynes nous paraissent avoir posé, dans leur récent *Traité des privilèges et hypothèques* (1), le principe qui permettra d'échapper légalement à cette conséquence. Les créanciers qui auront à se plaindre d'une fraude ourdie contre eux invoqueront l'article 1382. « Tout fait quelconque de l'homme qui cause à autrui un dommage, dit ce texte si

(1) II, n° 995.

connu, oblige celui par la faute duquel il est arrivé à le réparer. » Le créancier qui se fait consentir des garanties préjudiciables à la masse commet un acte illicite. La loi a en effet posé le principe de l'égalité entre co-créanciers frappés d'un désastre commun : les articles 446 et suiv., 597 et 598 en font l'application. Une faute est commise. Elle doit être réparée.

Et voici comment nous paraît devoir fonctionner en pratique cette solution théorique. Quand la femme et le créancier seront de mauvaise foi, on leur opposera, quand ils demanderont leur collocation à l'hypothèque née de l'intercession de la femme, la fraude qu'ils ont commise. La réparation la plus adéquate du préjudice causé à la masse consistera à tenir cette hypothèque pour non avenue : c'est celle que le juge devra prononcer.

Mais il faut prévoir le cas où le créancier de mauvaise foi se sera fait payer par la femme de bonne foi le montant de sa créance. Il ne produira pas à la faillite, mais la femme viendra demander sa collocation pour la créance d'indemnité née de ce chef contre son mari. On ne pourra l'écarter en vertu de l'article 1382 : elle n'a pas commis de faute. La fraude restera-t-elle impunie ? Non, le syndic pourra agir, au nom de la masse, contre le créancier qui, par sa faute, lui a causé un préjudice, en grevant l'actif du failli d'une créance hypothécaire qui ne serait pas née sans lui. Cette action sera fondée encore sur l'article 1382. Elle aura pour objet de faire verser, par le créancier désintéressé par la femme, le montant de la collocation que celle-ci aura obtenue pour recouvrer les sommes qu'elle avait payées, à raison de son engagement. Ainsi l'équité sera satisfaite.

Et il n'est pas jusqu'à l'hypothèse, assez rare, il faut le reconnaître, où le créancier serait de bonne foi et la femme de mauvaise foi, qui ne reçoive dans ce système sa solution équitable. Le créancier, payé par la femme, sera à l'abri de tout recours, mais celle-ci ne pourra invoquer contre la faillite l'hypothèque que la loi lui donne. Elle viendra en qualité de simple créancière chirographaire, comme serait venu le créancier lui-même qu'elle a payé.

Remarquons d'ailleurs, pour ne rien omettre, que l'article 1382 s'appliquerait même en dehors de la période suspecte, si une fraude pouvait être prouvée. Elle sera excessivement rare, nous l'avons déjà dit : un créancier pouvant toujours obtenir des garanties même à l'encontre de ses cocréanciers, tant que le débiteur n'a pas cessé ses payements.

C'est dans cette limite que l'article 1382 pourrait servir à déjouer la fraude des créanciers d'un non-commerçant. Dans le système de la jurisprudence il faudrait sans doute appliquer l'article 1167. Et on se heurterait à l'objection capitale, qui milite contre l'application de l'article 447 en matière de faillite.

Il nous suffit maintenant de signaler les conséquences qui résultent de ce système, en ce qui concerne l'engagement de la femme dans ses rapports avec son mari ou avec le créancier, les droits de la masse étant établis comme nous l'avons fait. Ces conséquences ne diffèrent pas sensiblement de celles qu'adopte la jurisprudence : voici les principales.

D'abord le créancier au profit de qui la femme s'est engagée garde une action personnelle contre elle. Il peut exercer l'hypothèque légale soit en vertu de l'arti-

cle 1166, soit, s'il est subrogé, à raison d'un droit propre, dans la mesure où elle garantit les autres créances
de la femme.

Si elle lui a constitué une hypothèque conventionnelle, cette constitution sera pleinement efficace.

D'autre part, la femme ne perd pas sa créance d'indemnité contre son mari. L'hypothèque légale qui la
garantit vaudra elle-même, si le mari revient à meilleure fortune (1).

B. — Intercessions postérieures au dessaisissement.

106. — Le dessaisissement a pour effet d'entraîner
l'indisponibilité des biens du failli à l'égard de la masse.
Du jour de la déclaration de faillite, qui lui sert de point
de départ (art. 443 Co.), aucun droit ne peut grever, du
chef du failli, le patrimoine dont il est dessaisi au profit
de la masse. On concevrait cependant qu'il en fût autrement, en partant de l'idée qu'il repose sur la présomption que le failli agirait désormais en fraude des droits
des créanciers. Avec ce fondement, les obligations délic-
tuelles ou légales pourraient s'exécuter sur son patrimoine (2). Bien que ce soit la base que lui assignent la
doctrine et la jurisprudence française (3), on refuse d'admettre cette conséquence (4).

---

(1) Cass., 27 avril 1881, S. 81, I-394 ; Cass., 18 avril 1887, S. 87, I-173 ;
Aubry et Rau, III, § 264 *ter*, texte et note 27 ; Baudry-Lacantinerie et de
Loynes, II, n° 993 ; Labbé, S. 81, I-394 ; Lyon-Caen et Renault, *Précis*, II,
n° 2767 ; Ortlieb, S. 79, II-113.

(2) Thaller, *op. cit.*, 1, n° 94.

(3) On pourrait lui en assigner une autre, celle d'un droit acquis à la
masse. Et l'hypothèque légale conférée à la masse est assez favorable à
cette idée. C'est la conception allemande. Thaller, *l. cit.*

(4) Boistel, *Cours de dr. comm.*, n° 911 ; Lyon-Caen et Renault, *Précis*, II, n° 2264 et les auteurs qu'ils citent.

Il faut donc décider que la femme qui intercède pour son mari, postérieurement au dessaisissement (nous avons vu qu'elle le peut), n'acquiert pas d'hypothèque légale opposable à la masse. Mais si le failli revient à meilleure fortune, cette hypothèque s'exercera à la date que lui assigne l'article 2135. La femme d'ailleurs, qui interviendrait à un acte passé par son mari et profitable à la masse, pourrait obtenir d'être indemnisée jusqu'à concurrence du profit que la masse aurait retiré de l'acte en question, pourvu que ce profit ne dépassât pas le préjudice subi par la femme. C'est l'application des règles sur le dessaisissement : elles ne permettent pas aux créanciers du failli de prendre pour eux le bénéfice des actes passés par leur débiteur, tout en se refusant à en subir les charges. — Créancière de la masse, la femme dans ce cas ne serait pas soumise à la loi du concours.

107. — Il est un acte d'intercession de la femme au profit du mari, postérieur au dessaisissement, dont on voit de fréquents exemples: c'est le vote au concordat qui lui est consenti. Il y a bien là un acte en faveur du mari, puisqu'il décide souvent de la conclusion du concordat, en permettant aux créanciers du failli d'obtenir des dividendes plus élevés, que si la femme venait se faire colloquer sur les immeubles au rang que lui assigne son hypothèque légale. Il est même particulièrement dangereux pour la femme, puisqu'il lui fait perdre son hypothèque légale, aux termes de l'article 508, al. 2 (1).

---

(1) Le créancier subrogé à l'hypothèque légale de la femme perd aussi cette hypothèque en votant au concordat du mari. Cass., 14 juillet 1879 (2 arrêts), S. 80, I-21 ; Rennes, 23 juin 1893, D. 94, II-568.

Le mari autorise valablement le vote de la femme, en n'y faisant pas opposition (1).

Comme toujours la femme dotale est soustraite au danger des intercessions. Par application de la jurisprudence sur l'inaliénabilité de la dot mobilière, son vote au concordat ne lui fait pas perdre l'hypothèque qui garantit ses créances dotales (2).

108. — Observons enfin que le dessaisissement n'existe pas en matière de déconfiture. Réserve faite des restrictions apportées à ses droits par la transcription du procès-verbal de saisie immobilière (art. 682 et suiv. Pr.), il reste à la tête de ses affaires et peut compromettre la situation de ses créanciers, favoriser les uns au détriment des autres. C'est l'anarchie. Les créanciers ne sont protégés que par les voies que leur donne le droit commun. La femme peut donc toujours intercéder pour son mari en déconfiture : généralement ce sera tout avantage pour les créanciers de celui-ci. Mais si l'intercession a pour objet d'avantager quelques-uns d'entr'eux, les autres seront en principe sans recours pour obtenir réparation du préjudice qui leur est causé. Ceux qui ont obtenu un payement intégral n'ont fait qu'user de leurs droits : ils ne sont pas en faute. L'article 1382 est inapplicable. Dans le système de la jurisprudence, il y aurait lieu sans doute à l'application de l'article 1167, s'il y avait fraude. Mais la fraude consisterait ici dans l'intention de causer un dommage aux cocréanciers. Elle se rencontrera très rarement.

---

(1) Cass., 30 juillet 1845, S. 45, I-711 ; Trib. civ. Seine, 3 mai 1882, *J. des faill.*, 1882, p. 295 ; Trib. Nevers, 2 juillet 1888, *J. des faill.*, 1889, p. 232.

(2) Cass., 11 nov. 1867, S. 68. I-17 ; C. de Paris, 9 mai 1888, *J. des faill.*, 1888, p. 357 ; Beudant, *R. crit.*, XXVIII, p. 220 ; Lyon-Caen et Renault, *Précis*, II, nº 2890 ; Cf. Aubry et Rau, V, § 537 *bis*, texte et note 14.

§ 2. — Influence générale de la faillite sur les effets des intercessions.

109. — Les intercessions antérieures à la cessation des payements sont valables. Elles seront rarement inefficaces à l'égard des créanciers du mari qui en auront bénéficié. Dans le système de la jurisprudence, il faudrait démontrer, pour en détruire les effets à leur égard, la fraude spéciale dont nous venons de parler. L'opinion, que nous avons cru devoir adopter, conduit à la même conséquence. Les cocréanciers seront tenus de prouver la faute du bénéficiaire de l'intercession, faute qui sera précisément la fraude de l'article 1167. Cette preuve difficile, ils réussiront rarement à la faire, bien que la fraude puisse se rencontrer souvent dans la période qui précède le jour auquel le jugement déclaratif de faillite a reporté la cessation des payements.

Valables et exemptes de fraude, les intercessions antérieures à la cessation des payements font naître, nous le savons, une créance d'indemnité, garantie par l'hypothèque légale de l'article 2135. Nous avons vu, d'autre part (§ 1), le sort fait aux intercessions qui se sont produites postérieurement à la cessation des payements.

Antérieures ou postérieures à cette date, elles sont toutes restreintes quant à leurs effets normaux, par application des règles posées par le législateur dans la section consacrée aux « droits des femmes » dans la faillite (art. 557 à 564, C. com.). Nous devons nous borner sur ce point à de sommaires indications (1).

(1) La liquidation des reprises de la femme dans la faillite du mari est étudiée avec détail dans l'ouvrage de M. Bressolles : *La femme du commerçant.*

110. — I. L'assiette de l'hypothèque légale est restreinte, quelle que soit la créance qu'elle garantisse (art. 563 et 564). L'observation nous intéresse, en ce que les créanciers, bénéficiaires d'une intercession de la femme, qui feront valoir ses droits dans la faillite, seront soumis aux restrictions édictées par la loi (1).

La restriction s'applique à l'hypothèque de la créance d'indemnité, comme à celle qui garantit les reprises. « Lorsque le mari sera commerçant au moment de la célébration du mariage, dit l'article 563, ou lorsque, n'ayant pas alors d'autre profession déterminée, il sera devenu commerçant dans l'année, les immeubles qui lui appartenaient à l'époque de la célébration du mariage, ou qui lui seraient advenus depuis, soit par succession, soit par donation entre vifs, seront seuls soumis à l'hypothèque de la femme : 1°..... 2° pour le remploi de ses biens aliénés pendant le mariage ; 3° pour l'indemnité des dettes par elle contractées avec son mari ».

111. — II. Les restrictions aux droits de la femme se manifestent encore en ce qui concerne la preuve des reprises. Et les créanciers qui, invoquant l'intercession de la femme à leur profit, exercent ses droits, les subissent comme elle (art. 557 et suiv.).

En principe, la preuve à fournir par la femme ou ses ayants droit pour justifier sa créance d'indemnité, née de son intercession au profit du mari, est soumise au droit commun. L'application des règles du droit commercial sur la preuve la rend même parfois plus facile (Cf. *supra*, n° 67).

Cependant aux termes de l'article 562 : « Si la femme

____

(1) C. de Dijon, 4 avril 1892, *J. des faill.*, 1892, p. 358.

a payé des dettes pour son mari, la présomption est qu'elle l'a fait des deniers de celui-ci, et elle ne pourra en conséquence exercer aucune action dans la faillite du mari, sauf la preuve contraire, comme il est dit à l'article 559 ». La règle posée par l'article 562 est analogue à la présomption mucienne du droit romain. Elle paraît rigoureuse à première vue ; au fond elle est généralement juste. La femme qui paye un créancier du mari n'est le plus souvent qu'un prête-nom. Elle n'a pas en général de deniers personnels. Il en est sans doute autrement sous un régime de séparation de biens. Et pourtant l'article 562 étant général doit s'y appliquer. Mais on s'explique sa disposition, si on considère qu'il a pour objet d'éluder une fraude facile : le mari embarrassé ferait payer ses dettes par sa femme. Au jour de la débâcle, elle prendrait la place des créanciers désintéressés, se ferait colloquer en vertu de son hypothèque légale, et le mari bénéficierait de ces collocations. Il aurait ainsi tout intérêt à faire substituer sa femme à ses autres créanciers, au détriment de ceux qui auraient fourni des deniers sans garantie suffisante. Pour déjouer cette fraude, l'article 562 oblige la femme à prouver en même temps et l'origine des deniers qu'elle prétend avoir employés au payement des dettes du mari, et leur emploi effectif à cet usage (1).

La présomption de l'article 562 doit s'appliquer, à quelque époque que la femme ait payé, avant ou après la cessation des payements du mari. Mais elle ne peut être invoquée à l'encontre du créancier qui a reçu ce qui lui était dû. On pourrait cependant songer à soutenir le

______

(1) Cf. Paris, 16 nov. 1891, *J. des faill.*, 1892, p. 13.

contraire en faisant le raisonnement suivant. Aux termes de l'article 446 C. com., le payement fait par le mari dans la période suspecte est nul, s'il a eu lieu pour dettes non échues, ou si, la dette étant échue, il a été fait autrement qu'en espèces ou effets de commerce. D'un autre côté, par application de l'article 447, tous autres payements faits par le débiteur après la cessation des payements pour dettes échues « peuvent être annulés, si, de la part de ceux qui ont reçu du débiteur, ils ont eu lieu en connaissance de la cessation de ses payements ». Or, aux termes de l'article 562, la femme qui paye est présumée avoir payé avec les deniers du mari. En conséquence il faut appliquer à ce payement les articles 446 et 447. Ce raisonnement spécieux doit être écarté, parce qu'il étend une présomption édictée seulement pour régler les rapports de la femme et du mari. Pour que le créancier désintéressé soit tenu de restituer les deniers qui lui ont été versés par la femme, on devra prouver sa fraude, c'est-à-dire, croyons-nous, la connaissance qu'il a eue que les fonds étaient fournis par le mari. La simple connaissance de la cessation des payements de celui-ci ne suffirait pas (1).

A propos du payement des dettes du mari par la femme, signalons un arrêt récent de la Cour de Nancy qui a statué sur une hypothèse intéressante (2). Une femme avait cédé à un créancier de son mari par voie d'endossement une police d'assurance, que le mari avait stipulée pour elle. La Cour a décidé que la femme n'avait pas droit à récompense, bien qu'elle eût payé avec une valeur qui lui était propre (art. 562). « Il est impossible

(1) Cf. Bordeaux, 12 mai 1873, S. 73, 11-220.
(2) C. de Nancy, 17 janvier 1888, *Pand. fr.*, 88, 11-173.

dit-elle, de prétendre sérieusement que la dame V..., en renonçant en faveur de F... au bénéfice purement éventuel et aléatoire de l'assurance, ait pris dans son patrimoine, pour éteindre les dettes de son mari, une valeur appréciable, pour laquelle elle serait en droit aujourd'hui de demander récompense. Une semblable solution, qui aurait pour résultat d'enrichir la dame V... au détriment de la masse, serait contraire aux règles les plus élémentaires de l'équité ». Cette argumentation ne nous paraît pas convaincante. En cédant la police d'assurance la femme en a accepté le bénéfice. L'arrêt le reconnaît expressément : « La femme, dit-il, par l'effet de son acceptation est présumée avoir été propriétaire du montant de l'assurance depuis le jour même où elle a été contractée ». Dès lors elle a bien désintéressé le créancier du mari avec ses propres deniers : pourquoi n'obtient-elle pas récompense ? On ne voit pas comment l'équité serait blessée, si on lui reconnaissait ce droit. La femme en payant a écarté un créancier. Elle se substitue à lui. Qu'importe aux autres créanciers que ce soit l'un ou l'autre qui se fasse colloquer dans la faillite ? Leur situation n'est en rien aggravée. — On aurait compris que la masse eût réclamé le montant de l'assurance, en alléguant que la femme ne peut se prévaloir des libéralités que lui a faites le mari pendant la durée du mariage. Encore cette prétention eût-elle été écartée par la dernière jurisprudence de la Cour de cassation, qui paraît aujourd'hui bien établie en ce sens que l'avantage créé par le stipulant au profit du bénéficiaire de l'assurance, n'a jamais fait partie du patrimoine du premier(1) :

(1) Cass., 22 février 1888, S. 88, I-121 ; 23 juillet 1889, S. 90, I-1 ; Lambert, *Du contrat en faveur des tiers*, n°s 251 et suiv.

sauf le droit de la masse de se faire restituer les primes (1).

Remarquons, pour terminer nos observations sur les reprises de la femme dans la faillite du mari, que si elle avait obtenu la séparation de biens et fait liquider ses droits, et si elle les avait exercés à une date antérieure à celle fixée par le jugement comme étant celle de la cessation des payements, elle serait à l'abri des restrictions que la loi apporte à ses droits. Quand elle ne les exerce qu'après cette époque, mais avant le jugement déclaratif de faillite, on lui applique les articles 446 et 447 du Code de commerce.

112. — Le concordat consenti au mari ne profite pas à la femme, qui s'est obligée avec lui (2). Il n'opère pas novation à son égard. Et cette solution doit être maintenue, alors même qu'elle aurait cautionné les engagements pris par le mari dans son concordat. Il n'en serait autrement que si les stipulations, contenues dans ces engagements, indiquaient que les créanciers ont entendu renoncer aux droits qu'ils avaient contre elle en vertu de leurs titres antérieurs (3). Ainsi, à défaut de cette renonciation, ils pourront, après avoir voté au concordat du mari, poursuivre leur payement sur un immeuble que la femme leur avait spécialement hypothéqué (4).

La femme reste donc tenue de la dette entière. C'est l'application de l'article 545 C. com., aux termes duquel « nonobstant le concordat les créanciers conser-

---

(1) Cf. Labbé dans Sirey, 88, II-177 ; 89, 1-353.

(2) C. de Paris, 16 avril 1864, S. 65, II-289.

(3) Trib. civ. Seine, 29 avril 1893, *J. des faill.*, 1893, p. 471.

Le concordat emporte-t-il novation dans les rapports du mari et des créanciers. Cf. Lyon-Caen et Renault, *Précis*, II, nᵒ 2919.

(4) Trib. civ. Seine, 26 déc. 1893, *J. des faill.*, 1894, p. 186,

vent leur action pour la totalité de leur créance contre les coobligés du failli ».

113. — Du maintien de l'obligation de la femme, coobligée du mari, naît une question intéressante, quand les époux sont mariés sous le régime de communauté. On sait que, d'après l'article 1419, « les créanciers peuvent poursuivre le paiement des dettes que la femme a contractées avec le consentement du mari, tant sur tous les biens de la communauté que sur ceux du mari ou de la femme ; sauf la récompense due à la communauté ou l'indemnité due au mari ». Si la communauté se trouve engagée par les obligations contractées par la femme avec l'autorisation maritale, elle l'est aussi au même titre par les obligations qu'elle contracte comme coobligée solidaire ou caution de son mari : cela indépendamment de l'obligation du mari, qui la grève en ce cas, comme toutes les fois qu'il s'oblige. Les créanciers concordataires vont-ils pouvoir, du chef de la femme, poursuivre les biens communs pour l'intégralité de leurs créances ?

La question s'est posée assez tard en jurisprudence. Elle fut soulevée à l'occasion des faillites qui suivirent la période troublée de 1848 et du commencement du second Empire. Dans deux arrêts des 24 janvier et 21 juin 1855 (1), la Cour de Paris condamna la prétention des créanciers.

Les auteurs approuvèrent en général cette solution (2). Elle a été consacrée par un arrêt de la Cour de cassation

---

(1) D. 56, II-109 et 157.

(2) Coin-Delisle, *R. crit.*, 1856, p. 3 ; Rodière et Pont, *Contrat de mariage*, II. nº 787 ; Aubry et Rau, V, § 509, texte et note 42 ; Laurent, XXII, nº 72.

Voir cependant Cour de Lyon, 23 juillet 1858, S. 59, II-615.

du 17 janvier 1881 (1). Et de nouveau la Cour de Paris a maintenu sa solution le 20 février 1891 (2).

On a généralement rattaché la solution de cette question à la controverse délicate soulevée par l'article 1419 et qu'on peut formuler ainsi : la communauté obligée par les contrats que passe la femme avec l'autorisation maritale est-elle tenue du chef de la femme ou du chef du mari ?

Les auteurs, qui soutiennent que la communauté est obligée par le mari, en concluent naturellement que la femme n'ayant pu grever la communauté, celle-ci se trouve libérée en même temps que le mari. C'est l'argument qu'on trouve dans les décisions de jurisprudence que nous venons de rapporter.

Faut-il nécessairement donner une solution contraire, quand on soutient plus exactement, croyons-nous, que la femme peut, lorsqu'elle agit de concert avec son mari, grever directement la communauté ? Ce n'est pas notre opinion. La prétention des créanciers concordataires peut toujours être repoussée, parce qu'elle constitue une violation du concordat (3). La faillite du mari englobait la communauté : en le remettant à la tête de ses affaires, ils lui ont laissé la libre administration de cette communauté, comme de ses biens personnels. Ils ont abandonné les droits qu'ils avaient sur elle en échange d'un dividende. Ils ne sont plus recevables désormais à poursuivre l'exécution, sur la communauté, de l'inté-

---

(1) D. 81, 1-145, S. 81, I-126.

(2) *J. des faill.*, 1891, p.165. — Le tribunal de l'empire d'Allemagne a interprété notre loi de la même façon dans une décision du 20 avril 1883, *J. dr. int. pr.*, 1884, p. 311.

(3) Lacoste, *Rev. crit.*, 1883, p. 739.

gralité de leurs créances. Les y autoriser serait tromper les créanciers nouveaux qui ont pu croire que le failli n'était plus tenu que du payement du dividende promis (1).

SECTION III. — Législation comparée et conflits de lois.

114. — Toutes les législations restreignent les droits de la femme contre son mari, lorsqu'il tombe en faillite. Il y a peut-être là un préjugé assez difficile à justifier. Il est possible que la femme ait eu sa part dans le désordre qui a amené la liquidation. Quand cela est prouvé, certaines lois, celle de l'Autriche par exemple (art. 1560 C. civ.), la punissent de sa complicité, mais il est inadmissible qu'on érige à son détriment une présomption de faute. L'intérêt du commerce ne le commande pas (2).

Ce qui paraît surtout choquant, c'est l'inégalité de traitement de la femme, selon que son mari est ou non commerçant. Ce reproche s'adresse à la loi française et à quelques autres. Mais dans beaucoup de pays on a déjà réalisé l'unité dans l'organisation de l'état d'insolvabilité. La tendance qui se manifeste en ce sens ne peut qu'être louée (3). Si on ne veut pas aller jusqu'à

(1) La question inverse peut se poser, si on suppose qu'une femme commune faisant le commerce est déclarée en faillite et obtient un concordat. En s'obligeant, elle a grevé la communauté et le mari (art. 1419, C. civ. et art. 5, Co.). La communauté et le mari sont-ils libérés par le concordat ? Non, croyons-nous, puisque la faillite de la femme n'a pas englobé les biens de la communauté. *Sic* C. de Paris, D. 45, IV-87. *Contrà*, Lacoste, *loc. cit.*

(2) Thaller, *op. cit.*, II, p. 125 et suiv.

(3) Thaller, *op. cit.*, ch. I. *Adde* les observations un peu divergentes

l'assimilation, il est au moins à désirer qu'on organise en France la déconfiture, où règne actuellement une véritable anarchie.

Il est assez difficile de se rendre un compte exact des restrictions apportées aux droits de la femme dans la faillite du mari par les diverses législations, à raison de la variété des régimes matrimoniaux et des systèmes variés de protection donnés à la femme. Nous nous bornerons à quelques indications.

I. Partout on admet la notion du dessaisissement, en la fondant soit sur une présomption de fraude, comme en France, soit sur l'idée d'un droit acquis à la masse, selon la conception allemande (1). De ce moment la femme ne peut plus acquérir de droit de préférence sur le patrimoine du failli. Elle ne peut que devenir créancière de la masse, soit par une convention directe, soit à raison de l'*in rem versum*.

II. Les moyens de preuve, dont la femme peut user pour la justification de ses reprises, ont été restreints par la plupart des législations (Belg., art. 553 et suiv. ; Holl., art. 880 ; Ital., art. 781). Le Code de commerce allemand est muet sur ce point. Mais les législations particulières des Etats, restées en vigueur, sont en général conformes à celles des autres pays.

III. Quant à l'étendue de la garantie que la femme peut invoquer à l'encontre des créanciers du mari, elle varie aussi selon les législations. Elle dépend du système de protection donné à la femme. Observons que les

de M. Lyon-Caen sur la législation anglaise des faillites *Bull. soc. lég. cpr.*, 1887, p. 366, et celles de M. Bufnoir sur les législations allemande et autrichienne *Ibid.*, p. 536.

(1) Cf. Thaller, *op. cit.*, I, ch. III, n° 87.

lois des cantons suisses donnent un privilège à la femme pour une partie de ses reprises et le lui refusent pour le surplus, ou du moins sectionnent le privilège et ne donnent pas à chaque tronçon le même rang. C'est le système que l'on trouve consacré avec des variantes notamment par le Code civil du canton de Glaris (art. 178), la loi du 26 novembre 1880 pour le canton de Lucerne (art. 23), celles du 10 mars 1884 pour le canton de Bâle-Ville (art. 11) et du 20 avril 1891 pour le canton de Bâle-Campagne (art. 10) (1). Il y a dans ce sectionnement l'application d'un système, formulé par le rapporteur du projet de loi fédérale sur les faillites, et d'après lequel la femme doit participer pour sa part au désastre qui frappe son mari (2).

IV. La question de savoir si la femme peut acquérir une hypothèque sur les biens du mari, dans la période suspecte, n'est généralement pas résolue par les textes. La législation allemande paraît cependant lui donner une solution implicite. Toutes les garanties fournies par le mari à la femme, dans les deux ans qui précèdent la faillite, pour la restitution de sa dot et des biens qu'elle a recueillis et dont le mari a l'administration, sont nulles au même titre que les donations qu'il lui a faites dans le même délai. Il n'en serait autrement que si ces garanties devaient être procurées par la loi (art. 125 et 126 de la loi de 1877). Il n'est pas question des garanties accordées à la femme qui cautionnerait son mari ; mais elles sont sans doute annulables par *a fortiori*, puis-

____

(1) Ces lois se trouvent à leur date dans l'*Annuaire de législation étrangère*.

(2) Avant-projet et exposé des motifs d'une loi fédérale sur les poursuites et les faillites, p. 114.

qu'on atteint même les garanties qui assurent le remboursement des apports (1).

V. On trouve, dans presque toutes les législations, une disposition analogue à celle de notre article 562, relatif au payement par la femme des dettes du mari (Allem., art. 37, Co. ; Belg., art. 558 ; It., art. 787, al. 2). La loi anglaise de 1882 va plus loin et décide que si la femme a fait un prêt au mari et qu'il tombe en faillite, elle ne sera payée qu'après que tous les autres créanciers à titre onéreux auront été remplis de leurs droits (art. 3) (2).

115. — *Conflits de lois.* — Les restrictions des droits de la femme dans la faillite du mari ont été édictées pour prévenir les fraudes concertées entre les époux, dans le but de détourner l'actif du failli. Ce sont des mesures prises dans l'intérêt du crédit et pour la protection des tiers. Elles sont certainement d'ordre public interne. Le motif qui les a fait édicter commande aussi de les considérer comme des règles d'ordre public international, s'imposant aux femmes étrangères. La doctrine est divisée sur cette question (3), qui ne s'est guère posée en jurisprudence à raison de l'opinion admise par nos tribunaux, sur la question plus générale de savoir si la femme étrangère peut invoquer en France son hypothèque légale.

L'opinion que nous défendons vient cependant d'être

(1) Thaller, *op. cit.*, I, p. 397. Cf. loi prussienne du 6 mars 1879.

(2) La question de savoir si cet article s'applique aux non-commerçants, soumis en principe aux règles de la faillite, est discutée. Cf. The married womens property acts by S. Worthington Bromfield, p. 51.

(3) Dans le sens de l'opinion exposée au texte : Brissaud, *R. G. du droit*, 1881, p. 18 et 159 ; Travers, *L'unité de la faillite en droit international*, p. 250 ; Weiss, *op. cit.*, p. 880 ; *Contrà* : Marx, *Etude sur les droits de la femme dans la faillite du mari*, p. 103 et 104 ; Surville et Arthuys, *Précis*, n° 532.

consacrée par un arrêt récent de la Cour d'Orléans du 17 juillet 1895 (1). « Si l'étranger domicilié en France, dit la Cour, peut y être jugé d'après les règles de son statut personnel, il en est autrement lorsque ces règles font échec à des lois françaises qui sont d'ordre public ; les lois qui régissent la faillite sont d'ordre public en France, l'article 560 a le même caractère ».

(1) D. 96, II-45. *Adde*, Trib. civ. de Tunis, 18 mars 1886, *J. du dr. int. pr.*, 1889, p. 295.

CONCLUSION

116. — Un mouvement vers l'émancipation de la femme se dessine aujourd'hui d'une façon très nette. Très rapide en Angleterre, où il a été encouragé par de profonds penseurs, comme Stuart Mill (1), et où il a abouti à des résultats fort appréciables, non seulement au point de vue civil, mais même au point de vue politique (2), il a gagné le reste de l'Europe et fait des adeptes, autant peut-être parmi les hommes que parmi les femmes elles-mêmes. A vrai dire, ce mouvement n'est pas nouveau. Il s'est continué lentement dans la suite des temps, accéléré parfois, souvent ralenti par les événements, rarement dirigé par une volonté consciente du but à atteindre. L'influence des mœurs, les besoins sociaux ont seuls déterminé la part faite à la femme dans la vie sociale.

Dans le siècle d'activité intellectuelle et physique qui est le nôtre, on considère, de plus en plus, que la femme ne doit pas nécessairement être confinée dans la maison paternelle ou conjugale. On lui permet de se mêler à la vie juridique. Le commerce a été un facteur puissant d'émancipation. Le nombre des femmes commerçantes augmente chaque jour. La loi les met à peu près sur le pied de l'égalité avec l'homme au point

(1) *L'assujettissement de la femme* (trad. Cazelles).
(2) L'intensité de ce mouvement en Angleterre s'explique par la situation particulièrement défavorable qu'a longtemps faite à la femme le *common law*.

de vue civil. Pourquoi ne pas marcher plus rapidement dans cette voie ? Il est socialement désirable de ne perdre aucun des éléments de progrès, contenus dans l'humanité. Il ne faut pas qu'une moitié du genre humain soit privée, par le pouvoir arbitraire de l'autre, de la possibilité d'exercer les facultés que la nature lui a données. Tel est le raisonnement. Il est logique, et ne paraît pas comporter de contradiction.

Cependant, la logique qu'on invoque doit-elle conduire à l'assimilation, qu'on demande, entre les droits de l'homme et de la femme ? C'est une question que nous ne saurions essayer de discuter. Le terrain sur lequel nous place notre sujet est infiniment moins large. Qu'il nous soit seulement permis de remarquer, que l'égalité demandée entre les deux sexes heurte les données de l'observation la plus élémentaire. Il y a entre l'homme et la femme des différences qui tiennent à l'organisme lui-même, et qui doivent amener la différenciation des fonctions (1). La solution du problème par voie législative est nécessairement arbitraire. Nous croyons qu'il vaut mieux étendre que restreindre les droits de la femme. Toute restriction au libre exercice des facultés d'un être hu-

(1) C'est la conclusion d'un récent ouvrage de M. Fouillée, *Tempérament et caractère selon les individus, les sexes et les races.* — On trouve dans le livre III condensés dans une soixantaine de pages des principes scientifiques, fondés sur des détails précis, qui permettent de se faire une opinion réfléchie sur la question féministe.

On consultera aussi sur la solution à donner au problème et sur celle que lui donnent les législations étrangères : Appleton, *Situation sociale et politique des femmes dans le droit moderne* ; Franck, *Essai sur la condition politique de la femme* ; Giraud, *De la condition civile et politique des femmes* ; Pascaud, *Droits électoraux des femmes dans le monde civilisé* (Ac. des sc. mor. et pol., 1895, p. 740) ; L. Richet, *La femme libre*, Stuart Mill, *op. cit.* ; *Adde*, les articles parus d'une revue récente, la *Revue féministe*.

main est mauvaise en soi. Est-il besoin d'ailleurs de
faire observer, que ce n'est point en inscrivant dans la
loi les droits de la femme, qu'on transformera, par la
puissance magique d'un texte, les mœurs actuelles?
Mais c'est un des avantages de la liberté de ne pas en-
traver le libre développement des institutions, qu'une réglementation étroite fait souvent dévier. Voilà pourquoi,
sans pouvoir nous prononcer sur la question des droits
politiques, nous jugeons mauvaises les restrictions aux
droits civils des femmes.

117. — La question se complique singulièrement,
quand on envisage la condition qui doit être faite à la
femme mariée. Faut-il en arriver à proclamer l'égalité
des époux dans le mariage, sans assigner à aucun d'eux
un rôle prépondérant? Faut-il supprimer les vieux débris de la *manus* romaine ou du *mundium* germanique,
anéantir ce qui reste encore de la puissance maritale?

Les législations qui maintiennent l'incapacité de la
femme mariée, en la fondant sur la *fragilitas sexus*, sont
de plus en plus rares.

L'Angleterre et les Etats américains sont allés très
loin dans la voie de l'émancipation de la femme mariée.
« Il ne paraît pas d'ailleurs, disait M. Ribot, dans un
discours à la Société de législation comparée (1), que ce
mouvement coïncide le moins du monde avec un affaiblissement de l'esprit de famille ; et c'est même une
chose curieuse à remarquer que les pays, qui professent
le plus grand respect pour le foyer domestique, ont été
les premiers à réaliser l'émancipation totale de la femme
mariée, dans les actes de la vie civile ».

____

(1) *Bull. Soc. lég. cpr.*, 1887-88, p. 57.

Dans un autre groupe de législations, la puissance maritale est en principe supprimée dans l'ordre des intérêts pécuniaires. Si la femme a parfois besoin de l'autorisation maritale, la raison en est dans les droits qu'elle a conférés par contrat de mariage à son mari, et dont elle ne peut le dépouiller sans qu'il y consente. C'est à ce système que se rattachent les législations de plusieurs Etats allemands, d'un certain nombre de cantons suisses (1), et la loi norwégienne du 29 juin 1888.

Le législateur italien a porté une atteinte moins grave au principe de l'autorisation maritale. Mais les exceptions qu'il établit pour le cas de séparation de corps prononcée contre le mari, ou lorsque celui-ci est mineur, absent, interdit ou condamné à plus d'un an de prison, et, d'un autre côté, la reconnaissance de la validité d'une autorisation générale font au Code de 1865 une place à part entre les législations, qui ont maintenu la nécessité d'une autorisation du mari, pour habiliter la femme à l'accomplissement de la plupart des actes de la vie juridique.

Parmi ces législations figurent encore celle de l'Espagne (art. 50 à 66, C. civ.), des Pays-Bas (art. 160 et suiv.) et le Code civil français, encore en vigueur en Belgique. — Il est à remarquer d'ailleurs que l'incapacité est moins étendue qu'on ne le dit généralement. Elle ne s'applique qu'aux actes de disposition : dans cette mesure, elle résulte du mariage. Mais la femme reste capable des actes d'administration. Si, le plus souvent, elle ne peut les ac-

---

(1) Bridel, *R. G. du droit*, 1893, p. 153 et 212. Il est à remarquer, que dans quelques cantons suisses la législation est encore fortement imprégnée de l'idée de l'incapacité de la femme. Le mari, disent plusieurs lois, devient le tuteur légal de sa femme. On sait que la tutelle du sexe y existait encore récemment.

complir, cela tient à ce qu'elle a conféré au mari un pouvoir d'administration par contrat de mariage. L'incapacité d'administrer résulte du contrat de mariage, non du mariage. La preuve en est que la femme peut toujours se réserver la libre administration de ses biens.

Ainsi limitée, la nécessité de l'autorisation peut-elle encore se justifier ? On ne peut plus guère la fonder sur la *fragilitas sexus*, bien que cette idée explique beaucoup des dispositions de notre Code (cf. *supra*, n° 63). Quand on admet la capacité civile de la femme, on ne saurait la faire cesser par la célébration du mariage. Mais la nécessité de maintenir l'unité de direction dans la gestion du patrimoine conjugal, l'intérêt de la famille, que le mariage va fonder, n'imposent-ils pas le maintien de l'autorisation maritale ?

La loi du 6 février 1893 sur la séparation de corps y a déjà fait une brèche, en décidant que « la séparation de corps a pour effet de rendre à la femme le plein exercice de sa capacité civile, sans qu'elle ait besoin de recourir à l'autorisation de son mari ou de justice » (nouvel art. 311, al. 2, C. civ.). Mais il faudrait faire un pas de plus, et donner à la femme séparée de biens contractuellement ou judiciairement la même capacité qu'à celle qui a obtenu la séparation de corps. « Son incapacité, dit très justement M. Bufnoir (1), ne se justifie pas très bien lorsqu'il n'y a pas d'association d'intérêts entre les deux conjoints ». Ce serait peut-être, pour le moment, la limite la plus raisonnable à l'émancipation de la femme mariée. — La nécessité de l'autorisation maritale, sous les autres régimes, aurait alors pour fondement la volonté

____

(1) *Bull. soc. lég. cpr.*, 1896, p. 170.

de la femme elle-même. En ne stipulant pas la séparation de biens, elle conférerait au mari des pouvoirs qu'elle ne pourrait pas lui retirer dans la suite, sauf le cas où il en mésuserait, ce qui justifierait une séparation de biens judiciaire et le recouvrement par la femme du libre exercice de tous ses droits.

On ne peut songer à imposer à la femme l'obligation de gérer ses biens. Les lois ne peuvent rien sans les mœurs. Ne voit-on pas tous les jours la femme, qui a gardé l'administration par contrat de mariage, l'abandonner au mari, dès que la vie en commun a commencé. La surveillance qu'elle exerce, la direction morale qu'elle garde suffisent à maintenir l'intégrité de ses droits. Grâce à son hypothèque légale, elle exerce un contrôle incessant sur les actes les plus importants du mari, qui ne peut guère aliéner, ni emprunter sur hypothèque sans son assentiment. On sait d'ailleurs qu'il est admis par la doctrine et la jurisprudence, que le mari ne peut disposer des biens de la communauté en fraude des droits de la femme (1).

(1) Cass., 11 novembre 1895, D. 96,1-44 et les renvois à la jurispr. antérieure ; *Sic* : Aubry et Rau, V, § 509, texte et n. 4 ; Colmet de Santerre, VI, no 65 *bis* ; Laurent, XXII, no 40.

Nous n'accepterions donc pas la réforme proposée par Laurent dans son avant-projet de revision du Code civil pour la Belgique (art. 1452 à 1462, t. V, p. 42 et suiv.), et d'après laquelle « la communauté est administrée par les deux époux conjointement ». Il faut toujours que, dans une association de deux personnes, l'une fasse prévaloir sa volonté. S'il en est autrement, le conflit ne peut se résoudre que par l'arbitrage des tiers. Il est toujours mauvais de faire trancher par des étrangers les questions qui s'élèvent dans l'intimité de la famille, ces étrangers fussent-ils des juges.

Nous ne songeons d'ailleurs pas à écarter les réformes proposées depuis longtemps, et ayant pour objet de donner à la femme la libre disposition des produits de son travail, sous les conditions à déterminer par la loi. Elles ne sont nullement incompatibles avec un régime de commu-

En partant de cette conception, on arriverait à des solutions, qui sur plusieurs points seraient contraires à celles que consacre actuellement le Code. C'est ainsi qu'on refuserait à la femme le droit de demander la nullité des obligations qu'elle aurait contractées seule. On ne ferait pas suppléer l'autorisation maritale par celle de justice, lorsque le mari serait dans l'impossibilité physique ou légale de la donner. D'autre part, la règle de la spécialité de l'autorisation devrait être écartée. Et toutes ces solutions logiques seraient pratiquement meilleures que celles qui résultent de la législation actuelle (1). Enfin, on serait amené logiquement à décider que la femme peut contracter avec son mari, ou plus spécialement s'engager pour lui, sans autre autorisation que celle qu'il lui donnerait. C'est le système que consacre aujourd'hui le Code. Nous croyons qu'il ne faut pas le modifier.

118. — Il est impossible de méconnaître, que l'inter-

nauté, comme le prouve l'exemple de certains pays (Bufnoir, *Bull. soc. lég. comp.*, 1896, p. 168).

Beaucoup de législateurs étrangers ont déjà réalisé cette réforme. Citons notamment par ordre alphabétique : la loi anglaise du 9 août 1870 (cf. *suprà*) ; la loi danoise du 7 mai 1880 (*Ann. lég. étr.*, 1880, p. 553) ; la loi génevoise du 7 novembre 1894 (C. R. Bufnoir, *Bull. soc. lég. comp.*, 1896, p. 168) ; la loi norwégienne du 29 juin 1888 (*Ann. lég. étr.*, 1888, p. 762) ; la loi suédoise du 11 décembre 1874 (*Ibid.*, 1874, p. 566). Le projet de Code civil allemand, § 1266, la généralisera en Allemagne, s'il est voté.

En France, un projet rédigé par les soins de MM. Glasson et Jalabert a été la source de plusieurs propositions de lois. Signalons notamment celle de MM. Jourdan, Dupuy-Dutemps et Monlaur (*Off.*, *Doc. parl.*, Ch. 1894, p. 1135, annexe 803), et celle de M. Goirand, déposée en même temps, et votée par la Chambre des députés le 28 février dernier.

Cf. sur cette question : Bridel, *Le droit des femmes et le mariage*, — *Du droit de la femme sur le produit de son travail* (*R. crit.*, 1893, p 206); Bufnoir, *loc. cit.* ; Cauwès, *De la protection des intérêts économiques de la femme mariée*.

(1) Cf. Gide, *op. cit.*, p. 474.

cession de la femme au profit du mari présente des dangers. Trop souvent la femme s'engage, sans mesurer la portée du consentement qu'elle donne. Trop souvent elle cède aux sollicitations du mari, et grève son patrimoine d'obligations dont elle ne tire aucun profit. Mais les remèdes, qu'on propose d'apporter à ce danger, causeraient dans les affaires une perturbation désastreuse pour le crédit.

La prohibition de l'intercession tout d'abord serait particulièrement funeste. Elle conduirait à l'indisponibilité des immeubles du mari, si l'on conservait l'hypothèque générale, qui garantit actuellement les reprises de la femme. Et quand même on réformerait notre régime hypothécaire sur ce point, la prohibition absolue ne se justifierait pas. Elle aurait toujours l'inconvénient de donner naissance à des difficultés sans nombre, sur la question de savoir dans quels cas il y a eu ou non intercession. Tous contrats de la femme peuvent être faits en faveur du mari. Les annulerait-on tous, dès qu'on découvrirait les motifs qui les auraient inspirés? Et, d'ailleurs, serait-il légitime de priver la femme du droit de faire profiter le mari de son crédit? Peut-on lui interdire de le sauver parfois d'une crise, où il sombrerait sans son intervention propice?

Aussi bien n'est-il pas nécessaire d'insister. La question n'est plus guère discutée en législation. Les actes d'intercession de la femme au profit du mari sont devenus usuels. On ne saurait les prohiber, sans troubler profondément les habitudes de la pratique. Il y a, du reste, contre cette prohibition une tradition qui s'est manifestée par la pratique constante des renonciations au Velléien et à l'authentique *si qua mulier,* aussi longtemps qu'ils ont figuré dans la loi ou la coutume, tant en France qu'à l'étranger.

119. — Mais il est beaucoup plus intéressant de se demander, s'il ne serait pas utile d'entourer de garanties protectrices l'intercession de la femme au profit du mari.

La question n'est pas uniformément résolue par les législateurs modernes, comme nous l'avons constaté dans le rapide exposé que nous avons fait des lois étrangères. Mais il est utile de noter que la même tendance, qui avait amené progressivement la disparition de la défense faite à la femme d'intercéder pour son mari, conduit aujourd'hui à la suppression des garanties, dont on avait entouré cette intercession.

Les rédacteurs du projet de Code civil allemand ont constaté ce phénomène, et l'ont expliqué par la facilité avec laquelle on arrive à éluder toute garantie. Une femme confiante en son mari, disent-ils, si elle est prête à s'engager pour lui, ne se laisse pas détourner de sa résolution, parce que la validité de son intercession est soumise à une décision du tribunal, ou à une renonciation expresse au bénéfice qui lui compète (1). Aussi se sont-ils décidés à n'édicter aucune mesure de protection au profit de la femme, sollicitée d'intercéder pour son mari. Il y a là un symptôme du discrédit dans lequel tombent les garanties données à la femme, pour la prémunir contre l'autorité abusive du mari. Il est d'autant plus intéressant à constater, qu'il se manifeste dans un pays, où la législation romaine a laissé une profonde empreinte.

(1) *Motive*, IV, p. 116.

Dans un pays surtout, où la communauté est le régime dominant, comme en France, il paraît difficile de soumettre l'intercession à des conditions restrictives. Bien souvent l'engagement, que prend la femme, en apparence au profit du mari, est destiné à lui profiter à elle-même. Elle bénéficiera du crédit ainsi procuré à son époux, et de l'enrichissement qui en résultera pour la communauté.

Et, sous les autres régimes, on s'expliquerait aussi difficilement une disposition restrictive de cette nature. Le régime dotal entraîne par lui-même une certaine incapacité pour la femme de s'obliger pour son mari. La séparation de biens lui donne une indépendance suffisante, pour lui permettre de résister. Il ne reste que le régime sans communauté, où l'on puisse craindre des engagements dangereux pour la femme et destinés à profiter exclusivement au mari. Mais il est vraiment si peu pratique, qu'il ne paraît pas nécessaire de solliciter l'intervention législative : d'autant plus qu'en général il est imposé par un mari riche à une femme de condition inférieure à la sienne, et qui ne saurait guère par conséquent s'engager efficacement pour lui.

Il semble, d'ailleurs, qu'un mouvement de protection de la femme concorderait assez mal avec la tendance, qui se manifeste un peu partout en faveur de son émancipation. Ce n'est pas en l'éloignant des affaires qu'on fera son éducation juridique.

D'autre part, on ne remarque pas assez, que toute restriction à la liberté de la femme de s'engager pour son mari diminue d'autant l'influence latente, mais très effective, qu'elle exerce sur la gestion du patrimoine conjugal, par la nécessité où se trouve le mari de lui exposer l'état de ses affaires, lorsqu'il veut obtenir son adhésion à un acte d'aliénation ou à un emprunt hypothécaire.

120. — Enfin quelles garanties efficaces pourrait-on instituer pour la protection de la femme?

Exigerait-on un acte notarié pour la validité des contrats contenant une intercession? C'est la garantie établie par le législateur de 1855 et de 1889, en matière de subrogations et de renonciations par la femme à son hypothèque légale. Elle est en général assez illusoire. Nous nous sommes déjà expliqué sur ce point. Elle est surtout très coûteuse, et amène des retards préjudiciables aux affaires. A ce double point de vue, elle ne saurait s'accommoder aux nécessités de la vie commerciale, où les intercessions sont particulièrement fréquentes. Quel législateur voudrait imposer le recours à un notaire, lorsque la femme avalise une lettre de change tirée par le mari?

Toutes ces considérations militent avec plus de force encore contre un système de protection, auquel quelques auteurs proposent de recourir (1). Ils demandent qu'on introduise dans notre législation une disposition analogue à celle du Code civil italien, et en vertu de laquelle l'autorisation de justice serait requise, dès que les intérêts du mari et de la femme seraient en conflit. Qui ne sent les complications qui résulteraient de l'adoption de cette réforme?

Coûteuse et compliquée, beaucoup plus encore que la formalité de l'acte authentique, l'autorisation judiciaire

____

(1) Huc, _Traité de droit civil_, II, p. 297. Gide proposait seulement de remplacer l'inaliénabilité dotale par la garantie d'une autorisation judiciaire, _op. cit._, p. 494.

peut donner trop de publicité à des opérations, qui nécessitent souvent le secret le plus strict. Elle entraîne surtout des retards, qui peuvent être très préjudiciables, et empêcher la réalisation d'opérations parfois fort avantageuses, mais qui pour cela doivent s'accomplir avec la plus grande célérité.

Est-elle d'ailleurs vraiment protectrice des intérêts de la femme? Le tribunal est-il compétent pour juger de l'opportunité d'une affaire? Prendra-t-il sur lui de refuser son autorisation, quand l'affaire ne lui paraîtra pas devoir procurer à la femme un avantage certain, ou du moins ne lui causera aucun préjudice? Mais que de fois il est bon que la femme s'engage, peut-être sans espoir de rentrer dans ses déboursés, mais tout simplement pour sauver l'honneur de la famille, qui peut bien valoir qu'elle lui sacrifie une partie de son patrimoine?

Le tribunal, dit-on, pourra au moins découvrir les fraudes dirigées contre la femme, et arriver ainsi à l'y soustraire. Est-ce bien exact? Quels moyens d'investigation donnerait-on au juge pour aboutir à ce résultat? Comment pourrait-il s'enquérir? On ne songe pas à organiser une véritable enquête *de commodo et incommodo*. Et alors comment scruterait-il le mobile qui fait agir des personnes qu'il ne connaît pas, qu'il n'a peut-être jamais vues?

Notre conclusion est donc qu'il faut laisser toute liberté à la femme pour s'engager en faveur de son mari. Mais il faut aussi l'autoriser à se prémunir contre un abus possible de l'autorité maritale, lorsqu'elle ne se sent pas l'énergie de résister aux sollicitations du mari. Ce moyen, la loi l'offre à la femme : c'est la stipulation du régime dotal ou des clauses de dotalité.

121. — Nous avons montré, comment ce régime aboutissait à rendre la femme incapable de compromettre son patrimoine, ou du moins une partie de ce patrimoine, spécialement en s'engageant pour son mari.

Il a malheureusement le tort grave d'apporter une gêne considérable dans les affaires. Aussi a-t-il depuis longtemps soulevé de très vives récriminations. Il rend possibles des fraudes, où la bonne foi des tiers se laisse prendre trop souvent, au grand détriment de la sécurité des transactions (1). Il rend indisponible une masse considérable de biens : ce qui est économiquement dangereux. Ce ne sont pas, en effet, seulement les immeubles dotaux de la femme qui sont inaliénables ; l'aliénation de ceux du mari est, dans la pratique, rendue très difficile, par l'impossibilité où se trouve la femme de renoncer à son hypothèque légale. L'emprunt sur hypothèque lui est à peu près impossible.

Les entraves qui en résultent sont si gênantes, que, déjà dans l'ancien droit, on essayait de les éluder, en admettant que la femme pouvait renoncer au bénéfice de la loi Julia. L'ordonnance de 1664 consacra cette pratique, dans un certain nombre de coutumes (cf. *suprà,* n° 32). Quelques auteurs commençaient déjà à en signaler les dangers (2). Les rédacteurs du Code civil ne l'admirent qu'à regret. Et, depuis lors, il a soulevé des protestations nombreuses, aussi bien parmi les jurisconsultes que parmi les économistes. Les dangers qu'il présente n'ont fait qu'augmenter, avec le développement du crédit et de l'activité commerciale. « La liberté des con·

(1) Cf. Homberg, *Abus du régime dotal.*
(2) Henrys, *Œuvres*, t. II, p 188.

ventions, disait M. Batbie (1), mérite assurément tout notre respect ; mais il ne faut pas que cette liberté serve à couvrir d'entraves ceux qui contractent ; et une prohibition n'est pas contraire aux principes, lorsqu'elle a pour but de protéger la liberté contre des conventions qui auraient pour résultat de la détruire ». Et M. Labbé écrivait récemment (2) : « Le régime dotal a, dans ces derniers temps surtout, abouti à des conséquences funestes et iniques. Il conviendrait législativement de le modifier et de le restreindre ».

122. — Malgré ces récriminations, il s'est maintenu dans le Code. Et, chose curieuse, le nombre des époux qui l'adoptent devient chaque jour plus grand. Combiné avec la société d'acquêts, il tend à devenir le régime de droit commun des classes aisées de la société (3). Comment expliquer ce phénomène ?

Les causes, selon nous, en sont multiples.

Le danger des spéculations ,qui s'offrent chaque jour plus nombreuses, a rendu circonspects les pères de famille. Pour assurer à leurs filles la conservation de leur dot, ils les prémunissent contre les entraînements irréfléchis de l'amour conjugal, en faisant insérer dans leurs contrats de mariage des clauses de dotalité. C'est en effet

---

(1) *Cours d'Ec. pol.*, II, p. 103 ; Arnault, *Résumé d'un cours d'Ec. pol.*, p 253 et suiv. ; Cf. Cauwès, *Cours d'Ec. pol.*, III, nº 1021.

(2) *R. crit.*, 1887, p. 442 ; Cf. Homberg, *Abus du régime dotal* ; Troplong, *Contrat de mariage*, I, p. 142.

(3) Une enquête commencée en 1876 sur les régimes matrimoniaux le plus souvent adoptés dut être abandonnée, en présence du concours peu empressé du notariat. Il serait à souhaiter qu'elle fût reprise et faite sérieusement. Elle ferait connaître à la doctrine des conventions nouvelles et intéressantes, et lui permettrait ainsi de guider la pratique parfois désorientée, au lieu de consacrer de longs développements à des régimes totalement disparus.

une constatation facile à faire, que si la femme n'est pas
incapable de s'obliger, elle sacrifie souvent les garanties
légales, qui deviennent parfois même l'occasion de sa
ruine, comme nous l'avons remarqué pour l'hypothèque
légale. « Pour toute femme qui n'est pas mariée sous le
régime dotal, disait M. Bufnoir à la sous-commission
juridique du cadastre (1), le résultat le plus clair de l'hypothèque légale est que la femme est ruinée, toutes les
fois que le mari se ruine ».

D'un autre côté, on s'habitue de plus en plus à prévoir l'éventualité d'un divorce. C'est en effet un phénomène remarquable, que le développement du régime dotal coïncide avec l'affaiblissement du lien conjugal. Les
protections, que la loi romaine avait accumulées au profit de la femme, étaient destinées à lui assurer l'intégralité de sa dot, pour l'époque où le mariage aurait cessé.
Le régime de communauté ne convient bien qu'aux législations qui consacrent l'indissolubilité du mariage.
Quand on fait une place au divorce, quelque étroite soit-
elle, il faut s'attendre à voir se multiplier les régimes
de séparation d'intérêt. Comme la séparation de biens
protège insuffisamment la femme, qui très souvent ne
se sent pas apte à l'administration de son patrimoine,
c'est le régime dotal qu'on inscrit dans le contrat de
mariage.

Ce régime d'ailleurs, celui que connaît la pratique,
n'est plus celui qu'avait consacré le Code. Nous en
avons fait précédemment l'observation. Les biens de la
femme restent dans le commerce. Une des considérations
qui militent contre lui se trouve ainsi atténuée. Elle

(1) *Procès-verbaux*, fasc. I, p. 258.

n'est pourtant pas supprimée. Il reste en effet toujours que, l'hypothèque légale de la femme ne pouvant être compromise par les contrats qu'elle passe, les biens du mari se trouvent frappés d'une indisponibilité de fait, très préjudiciable aux transactions.

Observons enfin que le régime dotal, tel que le fait la jurisprudence dans sa dernière évolution, dépasse la portée qu'on lui avait reconnue jusque-là. Ce n'est plus seulement un régime de protection des intérêts de la femme, c'est un moyen pour les époux de mettre une partie de leurs biens à l'abri des revers de fortune ; à ce titre, il est parfois demandé par des maris prévoyants.

La Cour de cassation (1) reconnaissait même récemment la validité d'une clause par laquelle les époux, mariés en communauté, stipulaient que les capitaux apportés par eux seraient employés à l'acquisition d'un immeuble indivis, qui ne serait point partagé pendant le mariage, et devrait, s'il était aliéné, être remplacé par un immeuble de valeur au moins égale. On affectait ainsi de dotalité des biens propres au mari.

123. — A côté de la garantie préventive, qui résulte du régime dotal, le législateur a donné à la femme une garantie réparatrice, l'hypothèque légale, pour lui assurer le recouvrement de la créance d'indemnité née à son profit. Mais nous savons que la femme est loin d'y trouver la protection que la loi a voulu lui donner. L'hypothèque légale lui procure sans doute une garantie. Il serait puéril de le contester. Elle arrive même indirectement à lui assurer sur la gestion du mari un certain contrôle, qu'elle ne tient pas des textes du Code.

(1) Cass., 30 nov. 1885, D. 87. I.49, note Poncet. Cf. Guillouard, I, n° 117 ; Massigli, *R. crit.*, 1888, p. 653.

Mais elle est aussi, dans la majorité des cas, l'occasion
de l'engagement de la femme pour le mari. Les tiers ne
lui demandent sa signature que pour ne pas avoir à
redouter son hypothèque.

Faut-il donc en demander la suppression ? Telle n'est
pas notre pensée. L'hypothèque légale se justifie par
d'excellentes raisons, qui en commandent le maintien.
Mais il est une réforme depuis longtemps à l'étude qui,
si elle aboutissait, aurait pour la femme les meilleurs
résultats. Il y a longtemps qu'on a remarqué que si
l'hypothèque entraîne pour la femme le danger que nous
venons de signaler, c'est à cause de son caractère de
généralité. Déjà dans l'enquête de 1841 sur la réforme
du régime hypothécaire, la Faculté de Paris le faisait
observer dans son rapport (1). Le projet de 1850 soumet-
tait à l'inscription l'hypothèque de la femme (2). Et l'inscription ne pouvait être prise que pour une somme fixée,
et sur des immeubles spécifiés par leur nature et leur
situation.

124. — La Commission du cadastre, qui étudie actuellement la réforme de notre régime foncier, maintient
à l'hypothèque légale son caractère de généralité, en ce
sens que l'hypothèque légale peut porter sur tous les
immeubles du mari. Mais elle la soumet à l'inscription.
Et toute inscription doit être spécialisée quant aux immeubles qu'elle frappe, et quant au montant de la créance
garantie (3).

---

(1) *Documents relatifs au régime hypothécaire*, II, p. 445.
(2) Cf. le rapport de Vatimesnil à la séance du 25 avril 1850.
(3) V. la discussion approfondie sur la question des dangers de l'hypothèque générale et occulte, dans les séances de la sous-commission juridique du cadastre des 9 et 16 juillet 1891, *Procès-verbaux*, I, p, 254 et

L'inscription est prise par les soins du notaire, lorsqu'il constate un contrat, faisant naître au profit de la femme une créance contre son mari. C'est ce qui se produit au moment du contrat de mariage. Il ne doit d'ailleurs requérir l'inscription que si, sur l'interpellation qu'il doit adresser à la femme, celle-ci le lui demande. La femme, qui ne peut pas renoncer à son droit hypothécaire purement et simplement, peut toujours retarder le moment où elle s'inscrira (art. 2 de l'avant-projet). — Lorsqu'il s'agit d'une créance née au cours du mariage, et dont l'existence est constatée par un acte notarié, le notaire n'est pas toujours chargé de requérir l'inscription. On énumère limitativement les actes, pour lesquels cette obligation lui incombe. « S'il est rédigé, dit l'article 6, un acte notarié qui constate aliénation ou acquisition par la femme, attribution à son profit par voie de partage ou autrement de biens mobiliers ou immobiliers, quittance de deniers propres, *obligations ou renonciations dans l'intérêt du mari*, même au profit d'un tiers, le notaire doit interpeller la femme de déclarer si elle entend que son hypothèque soit inscrite pour la garantie des droits qui peuvent en résulter, sur quels immeubles, et pour quelles sommes ».

Quand un acte rendant la femme créancière du mari est passé sans l'intervention d'un notaire, la femme se trouve réduite à sa propre initiative. Ainsi en est-il, c'est l'exemple que cite le rapporteur de la sous-commission juridique (1), lorsque la femme avalise une lettre de change tirée par le mari. En pareil cas, exigera-t-on,

---

suiv. ; *Adde* Besson, *Les livres fonciers et la réforme hypothécaire*, p. 445 et suiv.

(1) Rapport Challamel sur les hypothèques légales, fasc. III, p. 111.

comme en Belgique, que la femme s'adresse au président du tribunal pour faire opérer l'inscription ? On l'a-
vait proposé ; mais la proposition a été rejetée. On a
considéré que l'intervention du président du tribunal
était dangereuse ou inutile. Dangereuse, s'il appelait le
mari pour contester la prétention de la femme, deman-
dant l'autorisation de faire inscrire : cette rencontre des
époux en conflit d'intérêts ne pourrait qu'envenimer
leurs relations ; et, d'autre part, dans l'intervalle qui
s'écoulerait entre la demande de la femme et l'autorisation du président, le mari pourrait aliéner ou hypothéquer ses immeubles au détriment de sa femme, à moins
d'adopter le système des prénotations. L'intervention
du président serait inutile, s'il ne pouvait se renseigner
auprès du mari. La spécialisation qu'il ferait de l'hypothèque serait forcément conforme aux renseignements
fournis par la femme. A quoi bon dès lors cette formalité ? Aussi est-il permis à la femme de requérir l'inscription *de plano* ? Il n'est guère à craindre qu'elle ne
l'exagère. Et si le contraire se produisait, le mari pourrait toujours en demander la réduction (art. 8).

L'inscription peut aussi être requise par le mari, par
les parents ou alliés de la femme au degré fixé par la loi,
ou par ses créanciers (art. 7). Le mari agit seul. Les
parents et alliés doivent obtenir une ordonnance du
président énonçant « pour quelle cause l'inscription est
prise, pour quelle somme et sur quels immeubles »
(art. 7, al. 2). Les créanciers ne peuvent faire inscrire
l'hypothèque légale de la femme qu'en mettant en cause
le mari devant le tribunal, qui statue en Chambre du
conseil (art. 7, al. 3).

On ne donne pas aux magistrats du ministère public

la mission de requérir l'inscription. On a considéré
qu'en pratique, ils n'agiraient qu'à la requête de la femme
elle-même, de ses parents ou alliés, ou de ses créanciers.
Or toutes ces personnes peuvent faire inscrire, soit directement, soit en obtenant une ordonnance du président
du tribunal, ou un jugement de la Chambre du conseil.

L'inscription de l'hypothèque, à raison de l'indemnité
des dettes contractées par la femme avec son mari, ou
du remploi de ses propres aliénés, ne peut être requise
qu'à compter du jour de l'obligation ou de la vente (art. 4).

Une fois prise l'inscription ne se périme pas (art.
21). La crainte que l'influence du mari n'empêche la
femme de la faire renouveler a fait adopter cette disposition. Aussi, l'influence maritale cessant par la dissolution du mariage, le renouvellement devient nécessaire
dans l'année qui suit cette dissolution, si l'inscription
a été prise depuis 10 ans ou plus, ou à l'expiration du
délai de 10 ans (art. 21).

« La femme ne peut renoncer pour l'avenir au droit de
prendre inscription, ni en limiter à l'avance l'étendue
quant au chiffre. Elle peut seulement par le contrat de
mariage en consentir la restriction à certains immeubles » (art. 3, al. 1). « Elle ne peut non plus, tant que
dure le mariage, renoncer au bénéfice d'une inscription
prise, si ce n'est par l'effet d'une subrogation ou d'une
renonciation consentie au profit d'un tiers, à moins qu'il
ne soit justifié de l'extinction des causes qui avaient
motivé l'inscription » (art. 3, al. 2).

Les rédacteurs de l'avant-projet permettent donc à la
femme de renoncer ou de subroger à son hypothèque
légale, sans autre garantie que l'autorisation maritale.

On n'a pas cru devoir la soumettre à l'autorisation de
justice, comme on l'avait proposé dans la discussion.
On a craint les retards. Et, d'autre part, on n'a pas voulu
inaugurer dans une loi spéciale un système de protection de la femme, ignoré du Code.

Aucun texte ne s'explique sur la validité et l'efficacité
des subrogations intervenues dans la période suspecte
de la faillite. Ce n'était pas à vrai dire la place d'une
disposition de ce genre. Mais il est à noter que les projets, qui ont abouti au vote de la loi du 4 mars 1889 sur
la liquidation judiciaire, omettaient également de s'expliquer. C'est peut-être inutile. Les solutions données
par la jurisprudence sont assez équitables. Elles le seraient peut-être plus encore, si l'article 1382 leur servait
de fondement.

Il résultera de l'adoption du projet élaboré par la sous-
commission juridique du cadastre une amélioration certaine dans notre régime hypothécaire. Il paraît moins
favorable à la femme que le droit actuel ; mais ce n'est
qu'une apparence. Grâce à la spécialisation de l'hypothèque, le mari gardera la libre disposition d'un certain
nombre d'immeubles. Et tant qu'ils offriront une garantie suffisante à ses créanciers, ceux-ci ne chercheront pas
à obtenir l'engagement de la femme. La sphère de l'intercession diminuera nécessairement.

Il reste cependant une lacune dans la protection des
intérêts de la femme. Cette lacune est surtout manifeste
aujourd'hui que la fortune mobilière a atteint un développement considérable. Si le mari n'a que des meubles,
les créances de la femme contre lui ne se trouvent nul-

lement garanties. La femme vient comme simple chirographaire. Faut-il combler cette lacune ?

La difficulté est grande. Et la sous-commission juridique du cadastre n'a pas tenté de la résoudre. C'est
qu'il n'est pas aisé d'assurer une protection efficace à la
femme. Lui accorderait-on un *privilegium inter chiro-
graphos*, à côté de son hypothèque légale ? On multiplie-
rait ainsi outre mesure les causes de préférence, et on
arriverait à anéantir le crédit du mari. Faudrait-il restreindre les pouvoirs du mari sur la dot mobilière de la
femme, et lui appliquer par exemple la loi du 27 février
1880 relative à l'aliénation des valeurs mobilières des
mineurs ou interdits (1) ? On rendrait ainsi moins utiles
les garanties réparatrices au profit de la femme. Mais on
introduirait dans les affaires des complications peu com-
patibles avec la célérité de plus en plus nécessaire aux
opérations juridiques.

125. — En résumé, la validité de l'intercession de la
femme au profit du mari, reconnue par le Code, doit être
maintenue dans nos lois. Les garanties préventives, dont
on veut l'entourer, telles que l'authenticité ou l'autorisation du tribunal, sont le plus souvent inefficaces. Elles
sont plus gênantes qu'utiles. Il vaut mieux ne pas en-
traver la liberté de la femme de s'engager pour son mari. Il doit seulement lui être permis, quand elle se juge
incapable de résister aux obsessions du mari, de s'assurer une protection, en se soumettant au régime dotal.
D'un autre côté, l'hypothèque légale doit continuer à ga-

_____

(1) Cf. Besson, *op. cit.*, p. 450.

rantir ses reprises et sa créance d'indemnité. Mais elle devrait être soumise aux deux principes de notre régime hypothécaire, la publicité et la spécialité.

Vu :
Le Président de la thèse,
CH. LYON-CAEN.

Vu :
Le Doyen,
COLMET DE SANTERRE.

Vu et permis d'imprimer :
Le Vice-Recteur de l'Académie de Paris,
GRÉARD.

TABLE DES MATIÈRES

INTRODUCTION

Pages

1 L'histoire de la condition privée de la femme a été une marche
constante dans la voie de l'émancipation. 1
2 Soumise cependant à la puissance maritale, ne doit-elle pas
être protégée contre l'influence du mari, pouvant la déterminer à s'engager pour lui ? 3

PREMIÈRE PARTIE

**HISTOIRE DE L'INTERCESSION DE LA FEMME AU PRO-
FIT DU MARI, SA RÉGLEMENTATION ACTUELLE DANS
LES PRINCIPALES LÉGISLATIONS ÉTRANGÈRES.**

3 Division du sujet. 5

CHAPITRE PREMIER. — **Origines du droit relatif à l'intercession
de la femme au profit du mari.**

4 Eléments qui ont concouru à la formation du droit en cette matière 6

SECTION I. — **Droit romain.**

5 Disparition successive des diverses puissances domestiques qui
s'exerçaient originairement sur la femme. 6
6 Manifestations de défiance à l'égard de la femme 8
7 Mouvement de protection. — Loi *Julia*. — Edits d'Auguste et
de Claude. — Sénatusconsulte Velléien.— La femme ne peut
pas intercéder pour autrui, spécialement pour son mari. . . 9
8 Quels actes entrent sous la dénomination d'*intercessio* ? . . . 10
9 Etat du droit en cette matière à la fin de l'époque classique. . 13
10 Réformes de Justinien 15
11 Novelle 134 (authentique *si qua mulier*) 17

Section II. — **Influence germanique.**

12 Protection de la femme à raison de sa faiblesse physique. — *Mundium*. — Sentiments chevaleresques 19

Section III. — **Influence du christianisme.**

13 Esprit chrétien favorable au relèvement de la femme. — Doctrine des canonistes, tendant à sa subordination 21

Chapitre II. — **Histoire de l'intercession de la femme au profit du mari dans les principales législations étrangères et dans l'ancien droit français.**

14 Action des éléments indiqués sur le développement du droit des principales législations 24

Section I. — **Etats scandinaves.**

15 Maintien prolongé de la tutelle qui n'a pas encore complètement disparu. La femme peut intercéder, mais en Norvège le consentement de l'autorité tutélaire lui est nécessaire 24

Section II. — **Angleterre.**

16 Emancipation progressive de la femme, dont la personnalité s'absorba longtemps dans celle du mari 26
17 Act du 18 août 1882 28
18 Aperçu sur quelques législations américaines. 30

Section III. — **Espagne.**

19 Lutte des coutumes germaniques et de l'esprit chrétien contre l'influence canonique. Suppression des règles prohibitives de l'intercession par le Code de 1889. 31

Section IV. — **Italie.**

20 Influence lombarde. Le sénatusconsulte Velléien se maintient dans les coutumes et les Codes rédigés 34
21 D'après le Code de 1886, l'autorisation judiciaire est requise, quand il y a conflit d'intérêts entre les époux. Portée de la règle. 36

Section V. — **Pays allemands.**

22 Tutelle et puissance maritale. 38
23 Incapacité velléienne. Ce qu'elle est devenue dans le droit actuel 39
24 Le projet de Code civil pour l'Empire d'Allemagne l'abolit . . 41
25 Législations de quelques cantons suisses 42

Section VI. — **Ancien droit français.**

26 La tutelle des femmes et l'incapacité velléienne jusqu'à la renaissance du droit romain 44

27 Influence de la compilation de Justinien. 46

28 Introduction de l'incapacité velléienne dans les coutumes du Nord. — Modifications concomitantes dans le régime de communauté 47

29 Pratique des renonciations au sénatusconsulte Velléien et à l'authentique *si qua mulier*. Usuelle dans les coutumes du Nord. 49

30 L'avis préalable du notaire. Son inefficacité. Source de procès. Protestations contre cet usage 50

31 Edit de 1606. Sa portée : la femme peut désormais intercéder pour son mari sans formalité. Enregistrement de l'édit par les Parlements des pays de coutume 51

32 Son influence sur le régime dotal. Ordonnance de 1664. . . 53

33 Au Midi la femme reste incapable de s'obliger pour son mari. Coutume de Normandie 54

34 Quelques difficultés soulevées par l'application du sénatusconsulte Velléien 55

35 Garanties nouvelles accordées à la femme contre le mari, à mesure que l'authentique *si qua mulier* perd du terrain. . 55

36 Hypothèque légale de la femme garantissant la créance d'indemnité née de son intercession. Sa date 56

37 L'incapacité velléienne avant le Code civil. Travaux préparatoires 59

IIᵉ PARTIE

DE L'INTERCESSION DE LA FEMME AU PROFIT DU MARI SOUS LE CODE CIVIL.

38 Division du sujet. 61

Chapitre premier. — **Validité de l'intercession.**

Section 1. — **Validité en général.**

39 Après la rédaction du Code, quelques Cours proposent de subordonner la validité de l'intercession à l'autorisation judiciaire 62

40 L'autorisation maritale est nécessaire et suffisante. 63

41 Explication sommaire de l'article 1427. 66

42 Nullité des intercessions de la femme au profit du mari pour vices du consentement. 68

43 Moyen que le contrat de mariage fournit à la femme de se soustraire au danger des intercessions 70

SECTION II. — **Modifications résultant du contrat de mariage.**

44 La stipulation du régime dotal empêche la femme de sacrifier ses biens pour son mari. Dernier vestige de l'incapacité velléienne. 71
45 Il crée une *incapacité réelle* pour la femme, non une simple indisponibilité de ses immeubles. 74
46 La femme est également incapable de compromettre la créance de restitution de sa dot mobilière. 77
47 L'inaliénabilité dotale est remplacée en pratique par l'insaisissabilité de la dot. . . . . ' 79
48 Clauses de dotalité en dehors du régime dotal. Peuvent-elles figurer dans un contrat réservant à la femme l'administration de ses biens ? Adoption de l'affirmative. 79
49 De l'emploi et du remploi obligatoires 82
50 Clause de reprise d'apport franc et quitte 83
51 Incapacité contractuelle générale, ou restreinte à la faculté de cautionner le mari. Sa nullité. Vaut-elle comme stipulation de dotalité ? 84

SECTION III. — **Conflits de lois.**

52 Loi qui régit les effets du mariage. 88
53 Application à la capacité de la femme d'intercéder pour son mari. 90
54 L'inaliénabilité dotale en droit international privé. 92

CHAPITRE II. — **Formes et effets de l'intercession de la femme au profit du mari.**

55 L'intercession de la femme peut revêtir toutes les formes des actes juridiques. Multiplicité des hypothèses où l'on demande la signature de la femme. 94
56 Division du chapitre 98

SECTION I. — **Aliénation des propres de la femme.**

57 Si l'aliénation profite au mari, la femme acquiert contre lui une créance d'indemnité. Récompense sous le régime de communauté. 99
58 Explication de l'article 1450 99
59 Son application à d'autres régimes que la séparation de biens. 103

SECTION II. — **Obligations de la femme au profit du mari.**

60 La femme qui s'oblige avec son mari s'engage en général so-

lidairement avec lui 104

61 Recours de la femme contre le mari. Elle est réputée simple
     caution à l'égard du mari. Article 1431 105

62 La femme, obligée solidairement avec son mari, est débitrice
     principale, dans ses rapports avec le créancier et avec ses
     autres codébiteurs 108

63 Application de l'article 1431 en dehors du régime de commu-
     nauté. 109

64 De l'obligation conjointe du mari et de la femme. 111

65 De l'obligation de la femme contractée avec la simple autori-
     sation du mari. 111

66 Obligation de la femme au profit du mari commerçant. Spécia-
     lités sur le mode d'autorisation. 114

67 Effets des engagements de la femme sous la forme commer-
     ciale. 115

SECTION III. — **Subrogations et renonciations par la femme
à son hypothèque légale.**

68 Historique sommaire de la pratique des renonciations et su-
     brogations par la femme à son hypothèque légale depuis le
     Code civil. Loi du 23 mars 1855. Loi du 13 février 1889 . . 117

§ I. — Cas où elles sont permises.

69 En principe, elles sont toujours permises. Cependant elles ne
     peuvent compromettre la restitution de la dot 122

70 Cas où, par exception, elles sont permises sous le régime do-
     tal. 124

§ II. — Forme des subrogations et renonciations.

71 Nécessité d'un acte authentique. Son but, ses inconvénients . 126

72 Conséquences de la nécessité de cette formalité. 128

73 Les subrogations et renonciations contenues dans un acte au-
     thentique peuvent être expresses ou tacites. — La renoncia-
     tion tacite au profit d'un acquéreur de l'immeuble du mari
     ne peut cependant s'induire que des circonstances prévues
     par la loi du 13 février 1889. 132

74 Les formalités de l'article 2144 ne sont jamais requises. . . . 134

§ III. — Publicité.

75 Mode de publicité. Sa sanction. 134

§ IV. — Effets.

76 Limités par la volonté des parties. Variantes de la subrogation
     au profit d'un créancier. 135

77 Renonciation au profit d'un acquéreur de l'immeuble du mari.
     Conservation du droit de préférence. Comment il est perdu. 136

78 Le subrogé a un droit subordonné à celui de la femme 138

79 Règlement des droits entre subrogés successifs spécialement dans le cas de subrogation sur des immeubles différents . . 139
80 Cas où l'un des créanciers du mari, envers qui la femme s'est obligée, n'est pas subrogé ou n'a pas publié sa subrogation. 142
81 Effets à l'égard de la femme 144

SECTION IV. — **Créance d'indemnité de la femme. Hypothèque légale qui la garantit.**

82 L'intercession de la femme au profit du mari lui fait acquérir une créance d'indemnité contre lui. Cette créance est garantie par une hypothèque légale. 146

§ I. — **Liquidation de la créance d'indemnité de la femme.**

83 Normalement la liquidation se fait à la dissolution du mariage. 148
84 Elle peut se faire au cours du mariage. Art. 2032. 148

§ II. — **Hypothèque légale.**

85 Date de cette hypothèque. Art. 2135. — Nécessité de la date certaine 151
86 Spécialement lorsqu'elle garantit le remploi d'un bien dotal aliéné 154
87 Spécialement, lorsqu'elle garantit les créances de la femme séparée de biens ou les créances paraphernales de la femme dotale 157
88 Date de l'hypothèque née d'une subrogation consentie par la femme au profit d'un créancier du mari 159

Législation comparée et conflits de lois.

89 Garanties hypothécaires données à la femme par les législations étrangères 159
90 Renonciation de la femme à ces garanties. 161
91 Conflits de lois. 162

CHAPITRE III. — **Influence de la faillite du mari sur l'intercession de la femme à son profit.**

92 Division du sujet. 165

SECTION I. — **Influence de la faillite sur la validité de l'intercession.**

93 Fréquence des intercessions dans la période suspecte. De celles qui interviennent après la cessation des payements. 165
94 Opinion de ceux qui annulent l'engagement de la femme et la subrogation, à raison de l'incapacité du mari d'autoriser sa femme à partir de la cessation des payements. Réfutation. . 166
95 Opinion de ceux qui subordonnent la validité de l'intercession

à l'acquisition par la femme d'une hypothèque légale. Réfutation 167

96 Opinion de ceux qui délient la femme de son engagement par application de l'article 2037. Réfutation. 169

97 La femme est valablement obligée. Réserve pour la femme dotale 170

SECTION II. — **Influence de la faillite sur les effets de l'intercession.**

98 Division du sujet. 172

§ 1. — Effets sur les intercessions postérieures à la cessation des payements.

99 Distinction selon qu'elle précède, ou suit la déclaration de faillite. 173

A. — *Intercession dans la période suspecte.*

100 Elle fait naitre au profit de la femme une créance d'indemnité. *Quid* de l'hypothèque garantissant normalement cette créance? 173

101 Préjudice que cette hypothèque peut causer aux créanciers du mari 174

102 Opinion de ceux qui déclarent cette hypothèque inefficace en vertu de l'article 446 Co. Réfutation 175

103 Opinion de ceux qui fondent son inefficacité sur l'article 447 Co. Jurisprudence en ce sens. Réfutation. 176

104 Opinion de ceux qui fondent cette inefficacité sur les articles 597 et 598 Co. 182

105 Doctrine proposée. Application de l'article 1382. Ses conséquences. 184

B. — *Intercession postérieure au dessaisissement.*

106 Elle ne peut faire acquérir à la femme une hypothèque légale opposable à la masse. 187

107 Vote de la femme au concordat du mari. Ses effets 188

108 La femme peut valablement intercéder pour son mari en déconfiture. Et elle acquiert une hypothèque légale. Réserve de la fraude. 189

§ II. — Influence générale de la faillite sur les effets de toutes les intercessions.

109 La faillite limite les effets de toutes les intercessions antérieures ou postérieures à la cessation des payements. Indications sommaires. 190

110 I. Restrictions quant à l'assiette de l'hypothèque légale. . . . 191

111 II. Restrictions quant aux modes de preuve des reprises. Article 562. 191

112 Effets du concordat consenti au mari sur l'obligation de la

femme, obligée avec lui. Il n'opère pas novation de la dette
de la femme. 195

118 La communauté peut-elle dès lors être poursuivie du chef de
la femme ? Non 196

SECTION III. — **Législation comparée et conflits de lois.**

114 Restrictions apportées par les lois étrangères aux droits de la
femme dans la faillite du mari. 198

115 Conflits de lois. 201

CONCLUSION

116 Mouvement féministe 203

117 Question de l'autorisation maritale. 205

118 Il ne faut pas prohiber l'intercession de la femme au profit du
mari. 209

119 Les garanties préventives sont inutiles et gênantes. 211

120 Il en est ainsi de l'authenticité et surtout de l'autorisation judiciaire 213

121 Le régime dotal peut être maintenu comme mesure préventive
librement stipulée, malgré ses dangers. 215

122 Causes de sa diffusion actuelle. 216

123 La femme trouve dans son hypothèque légale une garantie réparatrice. 218

124 Aperçu sur l'avant-projet de la sous-commission juridique du
cadastre. L'hypothèque légale serait rendue publique et serait spécialisée dans l'inscription. Qui devrait ou pourrait la
faire inscrire ? La femme pourrait renoncer ou subroger à
son hypothèque légale avec l'autorisation du mari, sans l'intervention du tribunal. Aucune protection ne serait organisée, si le mari n'avait qu'une fortune mobilière 219

125 Conclusion générale. 224

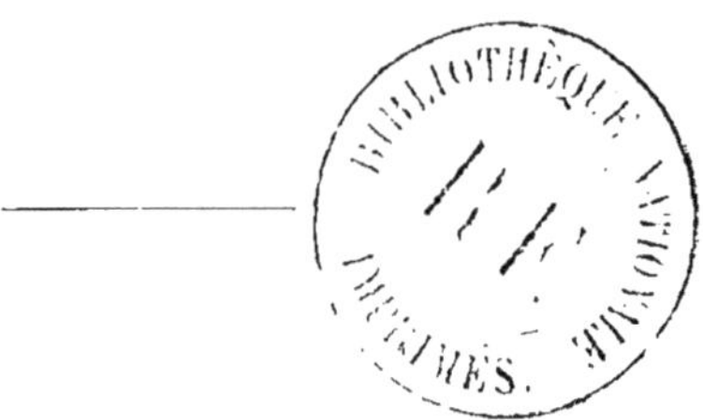

Imp. G. Saint-Aubin et Thevenot. — J. Thevenot, successeur, Saint-Dizier (Hte-Marne).